112. 12. 17 at Lowell, MA

世界公民叢書

未來的・全人類觀點

經典閱讀

Karl Jaspers

Autor

# 四大聖哲

蘇格拉底、佛陀、孔子、耶穌
—— Sokrates, Buddha, Konfuzius, Jesus

## Die maßgebenden Menschen

作者◎雅士培 Karl Jaspers
譯者◎傅佩榮

《四大聖哲》所教給我的，
比整部哲學史所教給我的還要深刻。
我現在將這本小書呈現於讀者大眾之前，
內心充滿無限的祝福與期許。

——傅佩榮

## 四大聖哲

【目錄】本書總頁數共224頁

4

## 傅佩榮　譯序／影響我最深的一本書

　　常常有人問我：「影響你最深的是哪一本書？」我的答案始終是《四大聖哲》。只要說出這四大聖哲的名號，天下人都會了解我為何如此回答，至於是否認同則是另一回事了。四大聖哲是指「蘇格拉底、佛陀、孔子、耶穌」。這四哲的排列順序不依年代，而是其原作者雅士培（Karl Japers, 1883-1969）所定的。

　　雅士培是德國哲學家，一般視之為存在主義的代表之一，與海德格、馬塞爾、沙特等人齊名。他深入研究歷史上各國各派的哲學家，最後選出上述四哲，並專門寫一本小書介紹。他面對的是西方讀者，所以首先推崇的是蘇格拉底（Socrates,469-399B.C.）。關於蘇格拉底，我想到一件輕鬆的軼事，可用來說明他在西方人心中的地位。蘋果電腦的創辦人賈伯斯說過：「我願意以一生的成就與財富，換取同蘇格拉底共處一個下午。」西方人只要受過教育，無不對蘇格拉底心嚮往之。這樣的人自然值得我們多加了解。

　　其次，佛陀（c.560-480B.C.）是佛教創始人釋迦牟尼，他的宗教對西方人而言，總帶著幾分神祕與敬畏。神祕在於其平和安詳，有如智珠在握，洞見深層真理；敬畏在於其修行法門，有時卷帙浩繁、無從下手，有時隨機指點、一語道破。

然後，孔子（551-479B.C.）是中國的哲人，我們從小尊稱他為至聖先師，以恭敬之心仰望其雕像並誦讀其訓示，但從未了解他超凡入聖的過程，也不易明白他的完整思想。現在，雅士培綜合西方漢學家的研究，以旁觀者清的角度，寫出了孔子的生命精神。我在翻譯這一段資料時，心裡特別感動也特別激動，因為孔子列名於人類歷史上的四大聖哲，是實至名歸，是以其思想與人格而出類拔萃，我們以他為榮。

　　最後上場的是耶穌（Jesus, c.4B.C.-29A.D.）。耶穌是猶太人，活了三十三歲就被釘死在十字架上。但是今天全世界相信耶穌的基督徒多達二十五億。西方文化從希臘時代算起，有一半的時間（約一千三百年）完全在天主教的主導之下緩慢進展。天主教後來分裂出東正教與基督教（新教），但都誦念同一本《聖經》，相信同一位耶穌基督，因而也信仰同一位上帝。誰能不對耶穌覺得好奇呢？

　　雅士培本人是西方第一流的哲學家，他提出「人類文化的軸心時代」之說，已經成為知識界的共識。在他筆下，四大聖哲的修行過程、獨到見解、人格魅力、處世態度，無不栩栩如生、躍然紙上，散發令人難以抗拒的吸引力。記得我在年輕時嘗試翻譯此書，每譯完一人，就需要長時間的休息，才可消化內心所受的啟示與震撼。前後歷時七年，我才譯成此書。且譯且學且思且行，四大聖哲惠我良多。我在本書譯文初版時，曾說：「《四大聖哲》所教給我的，比整部哲學史所教給我的還要深刻。我現在將這本小書呈現於讀者

大眾之前，內心充滿無限的祝福與期許。」

時隔多年，我的心意依然如此。眼前這本譯文最大的特色是增加了二萬多字的「譯者注」，對許多專有名詞與特定術語都詳加介紹，使讀者減少翻查資料的麻煩。其中有關「孔子」的部分，原作者所參考的是西方漢學家的研究，難免有少數誤解之處，我也都在「譯者注」中加以辨明。另外，本書原為德文著作，因此譯文所附外文悉依德文，而注解部分的相關外文則依譯者所習用的英文。

我從大學時代就開始從事翻譯工作，當時不過二十歲出頭，勇氣勝過能力與學識。時隔四十多年，我終於有機會全面修訂這些早期的譯作，如《上帝・密契・人本——宗教哲學討論集》與《四大聖哲》，現在都以修訂本並加上譯者注的形式重新出版，可謂對長期鼓勵及信任我的讀者有所交代。我內心為此深為感激與愉悅。我們有幸生在同一個時代，但因為愛好學習而不受時代所困，能夠向古今中外的聖哲誠心請益、虛心受教，然後依此互相期許、日起有功。學習之樂無與倫比，能向四大聖哲學習，更是幸福之至。我自己念這本書，是遵照《中庸》第二十章所說的：「人一能之，己百之；人十能之，己千之。果能此道矣，雖愚必明，雖柔必強。」

# 1

# 蘇格拉底
## Sokrates

**原始文獻：**柏拉圖：特別是《自訴篇》（*Apologie*）、《克利托篇》（*Kriton*）、《費多篇》（*Phaidon*）、《饗宴篇》（*Symposion*）、《菲德魯斯篇》（*Phaidros*）、《泰阿泰德篇》（*Theatet*）以及早期對話集。贊諾芬：《回憶錄》（*Memorabilien*）、《會談集》（*Gastmahl*）、《自訴篇》（*Apologie*）。阿里斯托芬：《雲》（*Wolken*）。亞里斯多德：《形上學》（*Metaphysik*）。

**參考資料：**布倫斯（Ivo Bruns）、邁爾（Ed. Meyer, IV, 427 ff., 435 ff）、邁爾（Heinrich Maier）、施坦澤（Stenzel）、耶格（Werner Jaeger）、吉貢（Gigon）。

# 生平（西元前469～399年）

　　蘇格拉底（Sokrates）是一位出身平凡的雅典公民，父親以石匠為業，母親為助產士①。他靠著一點微薄的遺產以及雅典政府的公民津貼，節儉度日，尚可溫飽。他在服兵役期間，曾參與伯羅奔尼撒戰爭②，也趕上在提洛與安菲波利斯舉行的同盟協商。隨後在輪值的政治義務中，他於西元前四〇六年擔任議會主席，力主公平對待那些指揮阿金努塞戰役（Arginusenschlacht）的將領們，而反對暴民處以死刑的要求。此外，他在政治及軍事兩方面，都不曾刻意尋求任何重要的職位。就一位哲學家的生涯而言，他的妻子贊弟培（Xantippe）沒有扮演什麼重要角色③。

---

① 蘇格拉底的母親是助產士。他從母親的工作得到「助產」觀念，後來也以助人生出智慧胎兒的助產士自居。他主張，智慧不能靠別人傳授或給予，而必須自己從困惑中覺悟出來。

② 伯羅奔尼撒戰爭（the Peloponnesian War, 431-404B.C.）是希臘聯軍擊退波斯大軍之後，雅典與斯巴達各組聯邦、互爭雄長的希臘內戰。這場內戰的地點是伯羅奔尼撒半島，雙方時打時停，綿延了二十七年，最後是斯巴達得勝，但雙方皆元氣大傷，從此趨於沒落。

說來很有趣，我們知道蘇格拉底的相貌。他是第一位有血有肉站在我們面前的希臘哲學家。根據記載，蘇格拉底可謂其貌不揚；他兩眼突出，短鼻厚唇，腰圍粗巨，蹲在那裡活像一個大酒桶。但是他這種粗糙的體格，卻也頗耐風寒，能夠吃苦。

我們所認識的是中年時期的蘇格拉底，至於他青年時期的容貌就不得而知了。在他成長期間，適逢雅典經歷過波希戰爭④，正邁向富強、繁榮、光輝的坦途。當他年近四十時，爆發了為禍甚烈的伯羅奔尼撒戰爭，他以英勇的表現而逐漸廣為人知。有關他的最早記載，是喜劇作家阿里斯托芬（Aristophanes）在《雲》一劇中對他所作的調侃（西元前四二三年）⑤。然後他親眼見證了雅典的沒落與失敗（西元前四○五年）。到了七十歲時，他被控以「不敬神」的罪名，公然受審，並被判處死刑。西元前三九九年，蘇氏在獄中飲鴆而死。

---

③蘇格拉底安於簡樸生活，妻子對他並不滿意。據說他有一次在外聚會到天亮才回家，妻子絮絮叨叨。他奪門而出，妻子從門後潑他一盆冷水，他說：「我知雷鳴之後，必有大雨。」後來西方流傳一個說法：若家有悍妻，則可成為哲學家。這些傳聞可供談助，但無法證實。

④波希戰爭：西元前四九〇年與四八〇年，波斯兩度進攻希臘，最後都失敗而歸。尤其第二次的規模極大，波斯王克塞瑟斯（Xerxes）率領百萬大軍、一千艘戰船，但先是受阻於斯巴達國王領導的溫泉關之役，後又敗於斯巴達與雅典所統率的希臘城邦聯軍。

⑤蘇格拉底在受審時，提及這一段資料。他說，喜劇作家把他描寫為：「他研究高天，探索重泉，言論顛倒黑白，同時還把這些東西教給別人。……他在吊起的籃子內盪來盪去，說是凌虛而行，此外還嘮嘮叨叨地說了許多怪話。」參看柏拉圖《自訴篇》。

# 思想發展

　　蘇格拉底的思想發展只能從間接資料推知。他熟知安納撒哥拉（Anaxagoras）與阿奇勞斯（Archelaos）的自然哲學⑥。他眼看著辯士學派（Sophistik）形成氣候⑦，他本人也可以得心應手地運用他們的方法。但是這些思潮都無法使他滿足。自然哲學對一個人的靈魂毫無助益；辯士學派實際上也往往把事情弄得問題重重，他們不是在建構一套新學說時出了紕漏，就是在批駁一切舊傳統時犯下錯誤。面對這些時代思潮，蘇格拉底既未提出任何新奇的學說，也不主張任何完備的方法。

　　終於時候到了，蘇格拉底面臨了轉捩點。當他發現自然哲學對人類的真正問題毫不關心，也覺察出辯士學派在道德方面的墮落傾向時，他還不知道真理究竟是不是確定而獨特的。但是他在心中卻清楚意識到自己的使命，意識到自己具有一種神聖的任務。他像先知一樣，肯定自己所受的召喚，但不同於先知的是，他沒有任何真理要宣示。他不曾被神揀選以宣告神的旨意。他的使命只是與眾人一起探討，探討那眾人皆有的「自我」的真相。他的探討是毫不容情的，要揭穿一切隱祕。他對自我或一切事物都不預存信念，只是要求思考、質問、測試，然後再使人回歸到他的自我。但是人的自我只能存在於那屬於「真」與「善」的知識中，所以一個

人若想真正成為自我，就須正視這些思考，並且心無旁騖地
追隨真理的指引。

---

⑥ 安納撒哥拉（約500-428B.C.）是第一位把哲學介紹到雅典的
　哲學家。他的自然哲學有兩點特色：一是認為「太陽是
　一團燃燒的物質，月亮只是一塊土。」這種說法引發軒
　然大波，因為他直接衝擊了希臘人的神話觀念。二是認
　為宇宙萬物的秩序來自一個「心智」的安排，但他未能
　說明這個心智如何以合乎理性的方式來安排這一切。阿
　奇勞斯是他在雅典的弟子。蘇格拉底論斷說：這一派哲
　學沒有出路，也會讓人爭論不休。蘇氏後來說：「我的
　朋友不是城外的樹木，而是城內的居民。」這句話表示
　他要由研究自然界的原理，轉而探討人的問題。

⑦ 當時探討人的問題，以辯士學派為代表。辯士們周遊各
　地，見多識廣，認為各城邦的法律、習俗、價值觀都是
　相對的。他們辯才無礙，以教授辯論與修辭為業，收取
　高額學費，大受有心從政的年輕人所歡迎。他們的名稱
　"Sophists"由字面看來是指「智者學派」。但是「哲學」原
　名愛智（philosophy），所以哲學家是「愛智者」，因此若有
　學派稱為「智者學派」，則不符「哲學家」的原意，反
　而有些諷刺的意味。尤其從柏拉圖（Plato, 427-347B.C.）繼蘇
　格拉底之後嚴詞批判此一學派以來，更使「智者學派」
　的譯名顯得可笑。因此，中文譯名稱之為「辯士學
　派」，較為妥適。

# 對話

　　蘇格拉底生命中的基本部分是由一連串的「對話」所構成的，他的談話對象包括科技家、政治家、藝術家、辯士，甚至娼妓。他像許多雅典人一樣，把時間花在街頭、市場、體育館或各種宴飲集會。那是一種跟每一個人都談話聊天的生活。交談原是自由的雅典人的生活型態，現在則大異其趣，變成蘇格拉底從事哲學思維的方法：他的談話挑動著、困擾著、壓迫著眾人內心最深處的靈魂。交談對於真理本身是必要的，因為真理的性質就是如此：它只有在一人與他人交談時才會展現。為了辨明真理，蘇格拉底需要眾人；他也深信眾人需要他：尤其是青年需要他。蘇格拉底有教無類。

　　但是他所謂的教育並不是那種「以先知覺後知」的傳授行為，而是一種使人在相互溝通時返回自身，藉以讓真理自動顯示出來的啟發作法。因此他在交談中幫助年輕人，年輕人也幫助了他。他教他們如何在習以為常的事實中發現破綻；使他們產生困惑，逼著他們一再地去思考、去追究、去探討，不讓他們逃避那隨之而來的答案，最後更使他們深信真理是團結眾人的不二法門。蘇氏辭世之後，柏拉圖（Plato, 427-347B.C.）繼志述事，並在寫作上發展出優美典雅的對話體裁。

　　蘇格拉底對辯士學派的抨擊，並不像柏拉圖那樣全面否

定。他不集結黨派，也不大肆宣傳；他不妄意評斷，也不建立任何學派或組織。他沒有提出任何政治革新的綱領，或任何知識學說的系統。他不在任何公開場合或群眾集會上發抒卓見。「我一向與人個別談話」，他在《自訴篇》（*Apologie*）如此說，然後以反諷的口吻繼續解釋：凡是專務於群眾演說的人對自己的生命是缺乏信心的，因此正直之士若想有片刻活於自己，最好還是與人個別交談。這個論證可以再深一層來看。無論政治的形式是民主的、貴族的或專制的，都無法憑藉政治上的手腕來拯救當時虛偽的時代風氣。任何改良措施都是空話，除非每一個人能夠自我教育，能以內在的覺悟喚醒潛存的真我，能夠即知即行、知德合一。只有先成為一個真正的人，才會成為一個真正的公民。

　　個人在城邦中固然應該成就功業，但是他的自我也非常重要。一個自主人格所顯示的特立獨行，一種真知灼見所引發的真正自由——是使人面對崇高神明的最後基礎。

# 生命內涵

　　若以哲學為某種「理論」，則蘇格拉底不是哲學家，若以希臘哲學史為一理論遞嬗的歷史，蘇格拉底亦毫無地位。蘇氏的探討，意義在於：人必須認清自己的無知，並開始從事思想之旅。他深知理性的證明有其極限，但是在不斷質疑之下，這一極限的底基不僅屹立不搖，而且益發顯得光彩奪目。

　　蘇格拉底的生命底基就是「敬」。這個「敬」由三大信念組成：第一、他相信真理會顯示給那不斷質疑的人，只要坦承自己無知，反而會因而獲知攸關生命的知識；第二、他信仰雅典諸神以及城邦之神聖性；第三、他深信自己所聽到的精靈之聲。以下次第申述：

　　第一，當美諾（Menon）在《柏拉圖對話錄》中，與蘇格拉底討論「何者為德」時，逐漸被逼入一個死角。美諾說：「早在我認識你以前，別人就曾坦白告訴我，你常自陷於懷疑而且使人陷於懷疑。如今你的作為就像以魔法困我，使我陷於迷離恍惚而束手無策。容我開個玩笑……你就像一隻遨遊海中的扁平有電的黃貂魚，誰碰上了都要觸電。……但是在雅典以外的城邦你若依舊我行我素的話，就難免不被視為魔術家而遭到逮捕的下場。」蘇格拉底也毫不示弱，回答說：「假使黃貂魚是因為自己麻痺才使得別人麻痺，那麼這個比擬頗為恰當。我並不是自己知道了答案，還去使人眩

惑。事實上我使別人感覺的困惑，也正是我自己所深感的困惑。」在相同的情況下，泰阿泰德（Theätet）也連稱大惑不解，而蘇格拉底回答他說：這正是哲學之始。

（覺悟生自困惑）《美諾篇》用一個比喻來說明⑧：某僮僕起初自信知道一個數學問題的答案；接著他陷入困境，認清自己的無知；經過一再追究，最後才獲知正確的解答。由此觀之，真理在對話中呈顯出來。對話的雙方雖未察覺，繞圈而行，但真理卻已存在，而且引導著雙方。

蘇格拉底希望大家都開始探索，並且對於自己的探索要有發現答案的信心。他在《泰阿泰德篇》以助產士接生來比喻這種作法。泰阿泰德不知道答案，也認為自己無法找到答案，他說：「但是我又無法擺脫這種探索的欲望。」蘇氏說：「這是分娩之前的陣痛，你即將生出胎兒。」然後繼續描述他與年輕人談話的方式。他像助產士一樣，能夠確知對方是否懷孕；他的方法能夠造成痛苦，也能平息痛苦；他也知道如何分辨真偽分娩。他承認自己毫無智慧，而那些控告他發問不休的人也沒有錯。因為「神命令我做接生的助產

---

⑧ 在《美諾篇》中，蘇格拉底從美諾的奴隸中找出一個沒受過教育的小孩，讓他在沒有任何協助的情況下，自己推論出四方形與三角形的一些事實。蘇氏說，他可以那麼做，是因為他的靈魂在誕生之前所知的真理仍然存在，並且在努力用心時就能回憶起來。此為蘇氏的「知識即是回憶」之說。

士，而不許我自己去分娩。」與他交談的人，最初的感覺只是更無知，但那是由於他們擺脫了以前的假知識。進而，「神若大發慈悲，他們就會突飛猛進⋯⋯他們顯然不曾由我這裡學到任何東西⋯⋯神與我只是幫助他們分娩而已。」

蘇格拉底並不傳授智慧，而是使別人去發現智慧，別人自以為有知，蘇氏卻使他覺悟自己的無知，然後引導他在自身中發現真知。在不可思議的深度中，他把過去已經知道而不曾察覺的知識重新組合起來。因此每一個人都必須在自身中發現知識：知識並不是一種可以層層轉售的商品，它只能得自覺悟。當它展現時，就像一個人回憶起早就認識的事物一樣。因此在探討哲學時，無知並不礙事。辯士學派的說詞是：我只能探討那已知之事；我若已知，則毋須探討；我若未知，亦無從探討。蘇格拉底卻以為：從事哲學思維是要探討我已知之事。但那只是潛意識的已知，藏在模糊而古老的記憶中，現在我則要在當前的清明意識下去認識它。

蘇格拉底的質疑、駁斥、檢視都基於一項信念，就是：一個人只要坦誠思索，加上神的助佑，就必能尋獲真理。但這種思索不是考究字義的死功夫，而是出自最深根源的慎思明辨。這是蘇氏的第一信念。

第二，蘇格拉底信仰傳統的神祇；他向諸神獻祭，遵從德爾斐（Delphis）神殿所昭示的旨意⑨，並參與宗教慶典。這種宗教訓諭希臘人不該做與不該求之事，並且賦予一切的希望與思索以意義；但是許多辯士卻淡漠視之或不屑一顧。

當然，人們也可以懷著虔敬之心，遵守教規，並在其中尋獲一切事物之根源。蘇格拉底正是如此。他憑藉著偉大自覺的「純真」⑩，生活在一具備自明真理的傳統中；這種「純真」的基礎在於歷史，並且從存有深處不期然地湧現出來。當一個人的智慧還無法抉擇時，最好信從祖先的宗教，遵循城邦的法律。

　　蘇格拉底的一生與他父母之邦、與梭倫（Solons）所立的城邦、與歷次波希戰爭、與伯里克利斯（Perikles）都有密切的關係⑪。他的城邦是合法建成的，年代悠遠而迭經充擴，

---

⑨ 德爾斐（Delphi）神殿位於雅典附近一座山上。該殿供奉日神阿波羅（Apollo）。希臘人遇重大困惑，可攜一羊為祭品，向該殿女祭司求籤解惑。蘇格拉底的朋友查勒豐（Chaerephon）曾去求教「雅典是否有人比蘇格拉底更有智慧？」答覆是沒有。蘇氏於是多方考察社會上的知名人物，得到一個結論，就是：「神認為我最有智慧，因為只有我一人知道自己是無知的。」他因而得罪了許多當權者，最後被人誣告並受刑而死。

⑩ 「純真」（naïveté），在此是指像孩子一樣，懷著單純而天真的信心；相信人活在世間並不是一件偶發的或無聊的事，並且人只要真誠探索，一定可以尋獲真理。

⑪ 梭倫（Solon, 638?-559?B.C.）為雅典的立法者，古希臘七賢之一。伯里克利斯（Pericles, 495?-429B.C.）為雅典的民主派政治家。

其立國基礎完全在於法律。因此蘇格拉底對法律忠心耿耿。他在阿金努塞戰役之後的大審中，拒絕以投票來表決參戰將領的功過，因為在當時的情況下，那是一種非法的程序。他拒絕逃獄，就是不願違背依法而行的法律——即使那可能成為不義的圈套。他的態度始終堅定不移。三十人專政時他被禁止街頭教學，民主式的議會又判處他死刑。他是無黨無派的，但是對於雅典城邦政治的歷史形式所塑成的法律觀念卻始終信守不渝。他與人個別交談，以自己的責任為絕對的責任，更以批判的態度檢視一切；他這種人是無論如何也不會像阿昔別德斯（Alkibiades）那樣，把城邦視為個人野心的工具，更不會以武力來對抗他的父母之邦。他也不願意成為無根的世界公民。他從未想到要去國離鄉，像愛斯奇勒士（Aschylos）遷居到西西里、歐里披底士（Euripides）遷居到馬其頓⑫，或像一些年老失意的人抱怨城邦虧待了他們。他毫無疑問地知道自己的存在與雅典密不可分。根據柏拉圖《自訴篇》所載，蘇格拉底被判有罪之後必須在放逐與死刑之間作一抉擇，他選擇了死刑：「以我這個年紀還要出離家鄉，到處遷徙以終餘生，那是什麼樣的生活啊！」在《克利托篇》，蘇格拉底設想法律對他的質詢，字裡行間清楚顯示了他自己對法律的態度：是法律使他誕生在一個合法組成的家庭，使他成為雅典公民，也使他被父親撫養長大。他以拒絕離開雅典來證明他對法律的支持，寧可死亡也不願被放逐。他並不妄自尊大要與法律平等，而是承認自己有服從法

律的義務。他必須遵從法官的判決，就像一個公民必須遵從城邦徵兵作戰的命令。他無權對父母惡言相向，也無權對城邦動手還擊——縱使他深信自己受到不公平的待遇。

蘇格拉底與辯士的相異之處即在於此。他的質疑無情而凌厲，使他表面看起來像是辯士學派的一員，但是他從未背離自己的歷史根基，反而誠心接受城邦的法律並且深入探索其意義。我必須先肯定自己的立足點、自己的源起，這些是我不可須臾或離的，我一捨棄了它們就將墮入虛無。

蘇格拉底令人難忘的特色是：他的批評雖然徹底，但他從不吝於承認一個絕對的權威，就是所謂的真、善或理性。對他而言，這個權威代表一種絕對的責任。對誰負責任呢？他並不知道，但他多次談及諸神。無論那實際上是什麼，那是他所確定的基點，是他在遷化不已的世界中所緊緊掌握住的。

但是當災難臨頭，當他受到不義的迫害、被自己的城邦處死時，他所堅持的原則是寧願受苦也不違背正義。蘇格拉底從未有過反叛城邦、敵對世界與違抗諸神的念頭。他從來不像神需要判決善惡一樣，去辨明罪惡的根源。他從容就義，既不反抗也無怨懟。他不因質問神明的正義而感覺失

---

⑫ 愛斯奇勒斯（Aeschylus, 525-456B.C.）是希臘第一位著名的悲劇作家，代表作為《普羅米修斯》。歐里披底士（Euripides, 480-406B.C.）也是著名的悲劇作家，代表作有《伊恩》等。

望，也不對這個問題作任何令人寬慰的解答；而是鎮靜如恆地相信一個自明的正義。不論命運之神在世上如何分配利益，真正重要的只有一件事，就是：秉持真理之道而活，這真理之道可在思想中闡明。凡是希望對於神、不朽及萬物的終局，要求一種保證、一種確知或一種信條的人，都無法從蘇格拉底獲得答案。人生的基本要義，就是勇敢地活下去，有如確知「善」存在一般，無知之知一再引導我回到基點——在那兒我就是我自己，因為我辨明了真的即是善的；在那兒我是否秉持真理而活，完全在於我自己的決定。

第三，至於在具體的個別情況中應該怎麼做，蘇格拉底認為不能一概由理性來決定。有時人需要神明的幫助，這幫助是指一種限制，超過這限制之外，人只能奉命行事。蘇格拉底談到他自幼年起就不斷有精靈在重要的時刻對他說話⑬。這種聲音「……總是禁止我而不是指令我，去做我正要做的事。」譬如說，這種聲音在他每次要從政時，都明說不准。對於那些離開他的學生想要與他恢復師生關係時，精靈則有的默許，有的不准。當他受審時，這聲音卻完全沉寂，使他既覺奇怪又覺坦然。「我向來都有精靈之聲，無論對任何小事，只要是不該做的，它都會出而諫阻；如今擺在眼前的，是世人所公認最大的惡（判處死刑）忽然加於我身。但精靈並不出而示警：既於我今晨離家，復於我來此法庭，更於我之任何發言皆未有所禁阻……往常我若趨惡而背善，精靈必出而示警。」（《自訴篇》）他又說：「在我之前，我

# 不論命運之神在世上如何分配利益，真正重要的是秉持真理與正道而活

很懷疑還有別人也受到這種警戒之聲的眷顧。」（《理想國篇》〔Staat〕）

這聲音並不帶來知識，也不指示確定的行動，它只是說「不准」。它禁止蘇格拉底去說或去做任何可能產生罪惡後果的事情。蘇格拉底則奉命唯謹，從不設法去了解那些禁令的意義。它不是某種客觀存在而無法交往的權威；它僅僅適用於蘇格拉底本人的行為，而不適用於別人的行為；蘇氏也不能呼求它來作任何判決，而只能被動地接受它的指示。

---

⑬ 希臘民間宗教認為有一種超自然的精靈（daimon）存在。譬如，人在出生時，就有精靈附在身上，決定了他一生命運的好壞。希臘文的「幸福」（eudaimonia）一詞，在字源上即是「得到一位好的精靈」。依此背景去了解蘇格拉底的「警戒之聲」，就不會認為他在故弄玄虛了。

# 審判

　　縱觀蘇格拉底的一生，除了結局之外並無任何戲劇性。他被控以不敬神而受審，最後判處死刑。這種結局並不意外，而是其來有自的。阿里斯托芬在《雲》（西元前四二三年）一劇中所描繪的蘇格拉底是研究自然哲學的，他熱中於天上的現象與地底下的事物，不信仰傳統的神祇而代之以天空與雲層，教導別人雄辯爭勝之術，並且收取學費——這些都與我們認識的蘇格拉底恰恰相反。自此以後，新的指摘接踵而來。他被控以教唆青年好逸惡勞，曲解詩人以建立自己邪惡的理論，接納阿昔別德斯與克利底亞斯（Kritias）這些人民公敵為自己的學生。這種令人震驚的錯誤形象是如何形成的呢？不錯，他在年輕時曾經研究過自然哲學與辯士學說，但是最後卻被視為整個哲學新潮的代表人物，而成為群眾輿論的公敵。群眾無法區別一個超越了辯士學派的人與辯士學派本身。因為他藉以駁斥辯士學派的新方法令人無法忍受。他的質疑層出不窮；他逼使聽眾回到人的根本問題，而又不提出解答。於是，困惑混同著自卑，再加上他所提出的種種要求，終於使某些人產生了憤怒及憎恨。辯士希比亞斯（Hippias）的反應就是一例：因為你總是「嘲弄別人，質問考驗每一個人，但是卻從不談論自己，也不對任何事物發表自己的意見。」（依贊諾芬所述⑭）結果在西元前三九九

年，蘇格拉底接受審判，罪名是：「由於不信雅典諸神而蔑視法律，擅自信仰某種新的精靈，以及誘使雅典青年墮落。」

對於這些指摘，蘇格拉底多年以來毫不在意。在他有生之年，沒有任何著作為他的哲學進行辯護。他本人不曾寫下片語隻字。他從不尋求貴族門閥的庇蔭，也不自限於特定學派的樊籠，而是在大庭廣眾的街道及市場上傳道授業。雖然他只是與人個別談話，但是整個雅典卻人心惶惶。

蘇格拉底為自己辯護時，主要強調：神曾經吩咐他要盡其一生去探索自己與別人。「我應該服從的是神而不是你們，只要還有一口氣在，我絕不停止哲學的工作，我要詢問一切偶然碰見的人，以一貫的態度對他說：朋友，你對智慧與真理如此冷淡，對靈魂的最大利益漠不關心，難道不覺得可恥嗎？」⑮

他的辯護話鋒一轉，開始批評庭上的法官們。「你們若殺了我，就很難再找到像我這樣的人——容我用俚俗的口語來說，我是神賜給這個城邦的牛蠅……總是催促你們前行，喚醒你們、苦勸你們、苛責你們。……（但是）你們卻像一

⑭贊諾芬（Xenophon）在其《回憶錄》與《會談集》留下許多有關蘇格拉底的資料。

⑮有關蘇氏受審的全部過程，請參看柏拉圖的《自訴篇》。

個沉睡中突然被喚醒的人，大感憤怒，恨不得立刻置我於死地……然後在有生之年再沉沉地睡下去。」）

蘇格拉底在歷史上的形象由他的死亡襯托得最為鮮明。他是哲學烈士，是雅典民主政治之下合法謀殺的犧牲品。也有人不贊同加諸法官們的責難，其論證大致如下：蘇格拉底原可以提出適當的辯護而輕易地挽救自己的生命，但是由於他過度反駁人的權威而侮辱了法官們。他原有許多選擇可以脫身，可是一樣也沒有辦成。他也可以輕易地越獄而逃，免受死刑，但是他依然拒絕採用這種不成文的社會風習。他簡直是心甘情願地步上死亡之途。因此，這不是合法的謀殺，而是合法地自殺。凡是主張這種觀點，認為殺人者無罪而犧牲者反而有罪的人，都忽略了一點，就是蘇格拉底負有獻身真理的神聖使命，這使命禁止他盲目接受流俗的虛偽風氣。他是一位真正的烈士，也就是一位見證。

反對「蘇格拉底被合法謀殺」之說的這些論證，對於我們之了解蘇格拉底並不重要，但是對於我們之判斷蘇氏對話錄的讀者卻甚有意義。蘇氏的辯護就像他的生平所為一樣，單獨去了解是很危險的，必須參照他的哲學才穩當。如果孤立來看，它教給讀者一種虛偽的反抗或敵對態度，那是一種錯誤的教育方式。這樣一來，讀者不但不能深體蘇氏的基本心態，反而不知不覺地以為蘇氏是冒冒失失的，然後自己也變得冒冒失失而妄自尊大了。下焉者更因而以侮辱眾人及法官為樂事。這些都是不對的：把蘇氏的辯護看成普遍原則，

以為那是一種抽象的典範。只有那些具備像蘇氏一樣的思想的人，才能真實無妄地效法蘇氏的行為以及最終的死亡。

另有一種觀點是由黑格爾（Hegel, 1770-1831）首先提出的，他認為：雅典沒有錯，因為它只是在維護自己的存在；蘇格拉底也沒有錯，因為他正在開創一個新世代，而這個新世代須以摧毀舊有的存在為前提。這種介於歷史傳統與具體事象之間的悲劇性衝突，在蘇格拉底身上尖銳對立起來，似乎顯得極不恰當。每一世代當然都有它獨特的精神，並且世代交替之時也有繁鉅的變化。但這並不是說每一世代都有它的絕對正義，以及因此而有許多歷代的正義存在。在一切世代中，就人之所以為人而言，確有恆存之物。人的作為將交付於一個比歷史更高的法庭。真偽善惡皆不應該被視同悲劇而遭到蒙蔽或斥逐的命運。

我們只有透過蘇格拉底本人，才能坦然接受他的死亡。當他死時，既不反抗也無怨懟。「我不責怪那些判我死刑或控我有罪的人」——這是他的臨終之言。他深深相信善人是不會遭遇任何惡事的；他的生命也絕不會被諸神所忽視。

可是在這之前他還說了一段話：「凡是殺我的人，在我離世之後⋯⋯即將遭受懲罰。⋯⋯控告你們的人將比現在更多；我一直約束著他們，不讓他們發難；他們年紀較輕，對你們也更不容情，更危險得多。你們若以為殺人可以禁止別人譴責你們邪惡的生活，那就大錯特錯了。」

# 柏拉圖筆下的蘇格拉底

在柏拉圖的對話錄中，蘇格拉底的形象並不是根據歷史上當時的實況、交談及說詞所作的精確記錄。它雖不是精確的記錄，但更不是純粹的杜撰。柏拉圖所添加的部分有其事實根據，他根據的是他對這位無與倫比的神奇思想家的精神體認。當這幅形象全面展開時，也就包含了柏拉圖對蘇格拉底的認識在內。如今已無法考證這一形象在造型上及章句上的精確性了。對於否認這一歷史事實的人，我們也提不出更多證據來說服他。要想與蘇格拉底認識及交往，必須透過柏拉圖之手。我們可以跟著柏拉圖一道看看：蘇格拉底在臨死之前（《自訴篇》、《克利托篇》〔 *Kriton* 〕、《費多篇》〔 *Phaidon* 〕）以及生平之所為（《饗宴篇》〔 *Symposion* 〕、《菲德魯斯篇》〔 *Phaidros* 〕）。

蘇格拉底之死是一幅靜穆莊嚴的畫面，其中呈現出對於「無知」不可言傳的肯定。

一切討論死亡的言論都是基於無知，並且止於無知。蘇格拉底說：那些恐懼死亡的人自以為知道別人所不知道的事。他們把死亡當成最大的惡兆而恐懼，殊不知那也可能是最大的好運。死亡的兩種可能情況都不壞：它或是等於虛無，失去一切知覺，就像無夢的安眠；因而永恆並不長於一夜。它或是靈魂遷往某處，與一切死者會合，在那兒，公正

的法官維護真理，我們也將遇見許多被不義判刑而處死的人，大家整天交談，繼續探問誰是智者，尤其是能夠結識往聖先賢，更是無上的幸福。無論死亡的真相如何，善人是不會遭遇惡事的，生前如此，死後亦然。

至於靈魂不死，「那是毫無疑問的」，蘇格拉底繼續強調心靈的平安完全基於這一確定事實。但是要想免除這方面的疑惑，還需行事合乎正義，並不斷追求真理。以下是幾項「證據」。首先，基於理性的證據是不完全站得住的，事實上蘇格拉底也公然主張生活要懷著不死的希望去「冒險」。因為不死的觀念形成「一種絕對正確的信仰，值得我們冒險為其獻身。因為這種冒險壯麗無比，並且心靈的平安也需要這些具有魔法妙用的觀念。」但是若要憑藉知識來肯定這一事實，蘇格拉底又以一貫的冷靜態度提出質疑。「若我所說為真，則我正是秉持真理而行；然而死亡之後若為虛無，那麼在這僅存的片刻中，我也不願看到朋友們哀傷悲慟，因為我的無知即將結束。」

克利托（Kriton）請示蘇格拉底願意如何安葬。他回答：「隨你們的安排。」「但是你們要看緊我，別讓我遠離了你們。」然後他露出平靜的笑容說：「我沒法讓克利托相信我就是那個平常侃侃論道的蘇格拉底啊；他總覺得我是另一個即將成為死人的蘇格拉底。別忘了，你們所埋葬的只是我的軀體，今後你們仍當一如往昔，按照你們所知最善的方式去生活。」這些在他死前環繞身旁的朋友們都懷著複雜的心

情，既昂揚又絕望。在悲傷哀慟與興奮莫名的氣氛中，他們領悟了一種神妙的境界。

在蘇格拉底看來，死亡並無任何悲慟意味。「西米亞斯（Simmias）、蔡伯斯（Kebes），你們和別人一樣，都將先後離開世界。我呢，就像一位悲劇詩人所云，已經聽到命運之聲的召喚了。」換句話說，死亡的時刻已經成為無關緊要的事了。蘇格拉底超越了死亡。

他不許朋友們哀傷慟哭。「人必須在莊嚴肅穆的平安中離開塵世。請保持安靜，耐心等候。」因為蘇格拉底在沉靜的真理中尋求同伴；哀傷不足以成為人與人之間的聯繫。他溫和地遣人送走妻子贊弟培，此時他已無心去聆聽悲泣。使他靈魂高舉的，一直都是思想，而不是隨感而發的哀傷。不錯，我們一生常為哀慟所襲，我們也隨之悲嘆。但是當大限已至，就須停止哀慟而代之以平安及認命。蘇格拉底立下了偉大的典範：在面臨濃烈的哀愁時，能夠解放靈魂，展現一片偉大仁慈的平安氣象。死亡於此失所憑依。這不是掩藏死亡於不顧，而是肯定：真正的生命不是走向死亡的生命，而是走向「善」的生命。

在臨終前的這段時間，他的精神似已超凡出世了，但仍慈愛地關懷著周圍人群的小事，像獄卒對他的妥善照顧等。他想起了某些儀節：「或許在飲用毒酒之前，最好先沐浴更衣，請讓婦人來為我洗淨身體吧。」

一切的痛苦都在這種輕鬆的語調以及對實際事務的關切

中逐漸消逝。這些都是心靈平安的徵象。關於這點，原子論者德謨克利圖（Demokritos）比較著重事物的表面。他相信要獲得心靈平安，必須在日常生活中節制有度，且應忠於分內之事。他不了解內在的靈智煥發也能帶給蘇格拉底一種更深刻的、更明覺的心靈平安。蘇格拉底能在「無知」中確立人生目標，然後生死不渝地奉為圭臬，這就是他逍遙自得的原因。

《費多篇》以及《自訴篇》、《克利托篇》，都屬於人類史上少數無法替代的珍貴文獻。自古以來不知有多少愛智之士在拜讀之後，也學會了如何坦然接受自己殘酷和不義的命運，而死於平靜安詳之中。

然而，這種若無其事的鎮靜態度卻也隱含深意。當我們誦讀這些對話錄時，內心無法不感覺深刻情感的震撼，甚至連思想也會隨之移轉。我們體驗到一種要求的命令，而非一種虛妄的幻覺；那是至高的期許，而非倫理的教條。讓你敞開心懷，來接納獨一無二的絕對者。切勿徬徨他顧，除非你已抵達至境，因為生於平安及死於平安全在於此。

雖然我們已經非常了解蘇格拉底了，但是在柏拉圖筆下他仍是一個神奇的人物，甚至連他有形的身體也帶著神奇的色彩。他的健康無懈可擊，既耐得住貧困飢寒，也經得起飽餐痛飲。他可以在通宵達旦飲酒之後，繼續與阿里斯托芬及阿伽東討論深奧的哲學問題。別人支持不住睡著了，他才起身離座。「他到利西翁洗個澡，然後一如往常度過這一天。

直到傍晚才回家休息。」但是他的行為有時也非常古怪。他同一位朋友走著走著，忽然止步不前，陷入深思。他能這樣站一整夜，兩眼凝視空中。到了第二天清晨，「他向太陽禱告之後，這才舉步離開。」他的容貌雖醜，但是卻有近乎魔法似的吸引力。這個人特立獨行，深不可測，我們無法將他劃歸任何範疇。他所談論的任何事物從不會只具有一種意義。

在《饗宴篇》中，柏拉圖借阿昔別德斯之口對蘇格拉底做了一番描繪⑯。阿昔別德斯原是一位貴族青年，他在豪飲之後不再有任何顧忌。這位曾經不忠於蘇格拉底的年輕人，此時心中洋溢著無以名狀的愛，滔滔敘說他所認識的導師：「依我看來，他實在太像雕塑商店中陳列的希雷努斯神（Silenes）；那些神像都是中空的，拆開來看裡面都帶有諸神的形象。」

「光是你的片言段語就能驚醒憾奪每一個人的靈魂。要不是怕你誤會我爛醉如泥，我早就發誓聲明你的言語從以前直到現今對我的影響了。你的訓誡如雷貫耳，使我內心躍動更甚於科利邦宴飲者的狂舞（Korybantischen Tänzern），使我情不自禁淚如雨下。伯里克利斯與其他大演說家的講詞我都聽過，他們是講得很好，但是卻從未使我因而痛定思痛，對於這一生的行事幾至無法忍受。他使我覺悟不該因循苟且，忽略自己靈魂的種種需要，迷失在政治往還的生涯中；我起初無法接受，掩耳疾走背他而去。他是唯一使我覺得自己可

恥的人。我曾多次暗咒他早早死了才好，但我又知果真如此，則我的哀傷將遠遠蓋過我的欣喜。」

「你們都不了解他；我來告訴你們。你們看他不是很喜歡群眾嗎？他常和他們在一起，又常被他們所排斥。但這只是他的外貌而已，就像希雷努斯凹陷的頭形。把他剖開來看，才知道裡面是何等的定見與智慧啊。人們汲汲營營所追逐的財富、名望與美貌，不但在他視若無物，甚至根本不屑一顧；他對擁有這些世俗榮利的人也絲毫不假辭色；人類對他不算什麼；他的一生都在嘲諷愚弄他們。但是當我登堂入室，看清了他的真正目的，才發現其中滿是神光燦爛的形象，美不勝收，令人目眩神迷，這時無論蘇格拉底命令我做什麼，我都會奉行不渝。」

贊諾芬的扼要描繪與上述畫像大不相同，但是在基本要點上兩者並無矛盾。贊諾芬只就個別的事蹟及分立的觀點來看；他所認識的是一位充滿智慧與悟性的能人；他毫不偏袒地檢視蘇格拉底的長處及短處，可是竟找不出任何缺點。柏拉圖深入了解蘇格拉底的內在本質，所以只能寫下比喻式的描繪；以這些描繪為象徵，他所達到的深入程度，已非任何

---

⑯《饗宴篇》是柏拉圖對話錄中的傑作。背景是阿伽東（Agathon）為了慶祝他的悲劇獲獎，在家中宴請賓客。席間有人建議談話助興，話題環繞著愛與美。最後加上一段阿昔別德斯對蘇格拉底的描繪。

第三者的判斷能夠置喙。贊諾芬只是採取客觀認識的態度，所以他把收集到的一切資料統統提供出來。柏拉圖卻是採取師法崇拜的態度，因為蘇格拉底震撼了他的心靈，改變了他的一生，所以他筆下的蘇格拉底也是透過這種震撼而呈現的。對他們二人而言，蘇格拉底都是人，而不是神；只是贊諾芬主張這個肯定某些真理的人，可以完全被認識及了解，是「合乎理性而具有道德的存有者」；而在柏拉圖心中，這個人的言語含有無窮的深度，他的生命來源及終向都是高深莫測的。

# 影響

　　蘇格拉底所樹立的典範及傳統，在他死亡之時誕生了。他的慘死事件縈懷在朋友們心中，使他們不斷談論著他，以他的好惡去檢證一切，以他的精神去從事哲學思維。蘇格拉底式的文學風格由此奠立，柏拉圖是最偉大的代表人。蘇格拉底的預言應驗了，他的朋友讓整個雅典都不得安寧。他不曾留下任何著作、學說或稍具規模的體系，但是卻給希臘哲學注入了強心針，激起了無比洶湧的風潮，餘波盪漾，綿延至今。

　　奇怪的是，他的門下弟子所體認了解的蘇格拉底互有出入。結果產生的不是一個學派，而是各立門戶。每一個人都自命繼承了蘇格拉底，各執一詞互不相讓。甚至連蘇格拉底的容貌也有多種說法。只有一點是大家共同承認的：每一個人都因為親炙蘇格拉底而經歷了心靈的提升及超越。蘇格拉底所塑成的傳統隨著他的死亡而開始分裂，此後一直未曾統合；這說明了何以有關蘇格拉底的一切至今仍有歧說。

　　蘇格拉底門下各派的匯集點是他的思想。他們都受了蘇氏思想的衝擊才卓然自立。透過蘇氏，思想挾著至高命令展現出來，其中也隱含著最大的危險。他們的共同體驗是：蘇氏總是啟發別人去思考。結果蘇氏死後，分裂立見；各人以不同方式去思考。大家都以為自己得到真傳，擁有了老師的

思想；其實誰都沒有得到。或許這就是永無止境的動力之源，在歷史的行程中不時激起無以名狀的強勁力量，而迄今仍未達到其終點啊！

蘇格拉底學派究竟有哪些？贊諾芬只記載了表面事蹟，而他們的思想模式才是各自分立的特色：（一）美加拉學派（Die Megariker），以歐克里得（Eukleides）為代表，發展了邏輯及辯論術，指出重要的邏輯謬說；此派學者之一克羅努斯（Diodoros Kronus）發現了概然性觀念的變格。（二）愛利斯學派（Die elische Schule），以費多（Phaidon）為代表，專務於辯證方法的研究。（三）犬儒學派（Die kynische Schule），以安提斯泰尼（Antisthenes）為代表，主張無待於外的內在獨立，否定教育及文化的重要性。西諾卑的迪奧真尼（Diogenes von Sinope）出於此派。（四）施勒尼學派（Die kyrenaische Schale）則從本性與快樂的觀念發展出一套倫理學說（「享樂主義」）。以上各家所論皆有所偏，不足以表述蘇格拉底的思想，真正能夠承其餘緒並傳諸後世的當推柏拉圖，這要歸因於他出身望族，又有深刻的見識與開放的胸襟。此外各家皆不能代表蘇格拉底的哲學，只是反映了他的思想中許多可能意圖的某一側面而已。

但是自此以後，蘇格拉底的真相逐漸為這些表相所掩，並且只能透過這些表相來放射光芒。結果造成柏拉圖以降的哲學家，不管彼此是否針鋒相對，都把蘇格拉底看成理想哲學家的化身。年深代久之後，他的形象成為獨一無二的典範。

羅馬時代初期，基督宗教興起，在早期教父眼中⑰，蘇格拉底是一位偉人，是基督宗教殉道烈士的先驅。因為他是為了自己的信仰而死，並且也被控以不敬傳統宗教的罪名。他甚至被人與基督相提並論。他們聯合蘇格拉底與基督，以共同對抗希臘宗教，這是猶斯定（Justin Martyr）的觀點。「蘇格拉底只有一位」，達其安（Datian）這麼說。奧利真（Origenes）找出蘇格拉底與耶穌有許多共通之處。蘇格拉底對「無知」之覺悟，預備了信仰的道路，此為狄奧多雷（Theodoret）之說。蘇格拉底的自我認識是認識上帝的途徑。蘇格拉底知道：唯有不受世俗情欲所汙染的純潔心靈才能接近神明。他坦承自己無知。但是由於他的探究並不能給「至善」帶來任何闡明，由於他在每一次交談中都只是喚起我們的興趣，並且設下論證之後又隨即推翻，所以儘管讓所有的人都到他那兒去各取所需吧，此為奧古斯丁（Augustin）之說。

初期基督宗教的世紀仍生活在古代的庇蔭之下，因而蘇

---

⑰「教父」（the Church Fathers）是指天主教初期負責為宗教信仰辯護的神職人員。信徒稱他們為「神父」，所以一般譯為「教父」。較為知名的教父有：殉道者猶斯定（Justin Martyr, 110-166）、德爾都良（Tertullian, 160-222）、格里哥利（Gregory of Nyssa, 335-395）、奧古斯丁（Augustine, 354-430）等。他們的立場是設法融合希臘哲學與基督宗教，有的認為前者為後者預備了道路，有的認為前者完全被後者所超越。

格拉底的思想也伴隨著他們。到了中世紀，他的聲光終於黯然。他的名字偶爾還被提及：賀勒維（Jehuda Halevi）同意蘇格拉底代表最完滿的人類智慧，但是卻無法抵達神明。到了文藝復興時代，獨立的哲學重見天日，蘇格拉底也隨之復甦。伊拉斯莫士（Erasmus, 1467-1536）寫下了：「聖蘇格拉底，請為我們祈禱。」在蒙田（Montaigne, 1533-1592）看來，蘇格拉底的思考表現了懷疑主義以及人的本然面貌，他主要是在強調如何從容赴死。到了啟蒙時代，蘇格拉底成為獨立的思想家，是保障倫理自由的大護法。在孟德爾松（Mendelssohn, 1729-1786）看來，他的道德高尚無比，已經體認出上帝存在及靈魂不死之證據。但這些都只是序幕而已。直到齊克果（Kierkegaard, 1813-1855）才首次發現了通往蘇格拉底的原始途徑，並且他也是所有近代哲學家中對蘇格拉底解釋得最深刻的人，他闡明了蘇氏的反諷與無知，主張蘇氏的哲學探索不是為了傳述真理，而是為了驅使別人尋求真理。尼采（Nietzsche, 1844-1900）則苛責蘇格拉底是希臘悲劇精神之大對頭，宣稱他是主知論者及科學奠基者，但卻破壞了希臘的世界觀。尼采的一生都在與蘇格拉底搏鬥：「蘇格拉底與我的關係太密切了，使我幾乎一直都在與他纏鬥不休之中。」哲學的未來命運必將反映在它對待蘇格拉底的態度上。

回顧歷史，我們可以說：蘇格拉底簡直變成了某種容器，後代的人各自以其理想注入這容器中，他們都認識但同時都不了解蘇格拉底的真面目。蘇格拉底被裝扮成各種面

貌：一位謙遜而敬畏上帝的基督徒；一位充滿自信的理性論者；一位富有魔力的天才；一位預言人性的先知；有時甚至被當作政治陰謀家，打著哲學家的招牌從事奪權的計畫。但這些都不是他。

現代的語言學研究，在這方面有一些新貢獻。自士萊馬赫（Schleiermacher, 1768-1834）以後，學者們致力於為蘇格拉底建構一個可靠的形象，他們要問：根據種種歷史上的資料，我們能夠知道蘇格拉底一些什麼？應用種種歷史批判法之後，他們設法為蘇格拉底去除了詩意幻想及傳奇色彩。

但是結果卻不如人意，要想建構一個合乎科學考證又能被普遍接受的蘇格拉底形象，還差得很遠。事實上，矛盾互見的各種形象卻在提醒我們：根本不可能有一個合乎歷史的蘇格拉底的形象。任何截長補短的重建的努力都屬徒勞無功。這些「重建者」甚至對於柏拉圖、贊諾芬、阿里斯托芬、亞里斯多德（Aristoteles, 384-322B.C.）等人所提供的資料，都不一定完全贊同。最偏激的說法莫過於吉貢（Gigon）所云：既然沒有任何蘇格拉底的歷史記載，而只有詩歌傳誦；既然蘇格拉底本人從未寫下任何著作，所以我們根本不可能重建蘇氏的哲學。因此一切嘗試解決蘇格拉底之謎的人都是在浪費時間。但是吉貢又無法否認以下事實，就是：阿里斯托芬拿蘇格拉底來代表一種混合了自然科學、啟蒙思潮與辯士學派的有害的哲學，這不可能是完全偶然的事，在紀元前三九九年被判處死刑的應該是蘇格拉底而不是別的辯

士，並且在文學作品中歷歷指證的道德人格及出身背景，都只有蘇格拉底才適合這位真哲學家的形象。這些是怎麼發生的呢？吉賁認為，我們不得而知，我們只須說：一位歷史上的蘇格拉底沒有就算了，不必再作任何追究。

但是我們卻願嘗試作概括性的綜合，其方法大致依據士萊馬赫的公式：「除了贊諾芬所記載的文獻之外，蘇格拉底還有些什麼性格象徵與行為規範可以被推知的呢？對於柏拉圖在對話錄中所記載的他，他本人又會予以什麼樣的評價呢？」凡是想找到歷史上的蘇格拉底的學者，在比較及綜合時應該具備「歷史的同情了解」。

在這種事情上，我們若要求科學達到普遍而精確的程度，那是不會有結果的。它只有兩種可能，或是從不同來源把所有論證及軼事統統集合在一起劃歸蘇格拉底；或是放棄合乎科學的美譽，要求更多的資料以超過批判法所能檢訂的程度，因而造成許多無法相容的形象。

於是蘇格拉底成為：柏拉圖哲學的先驅，他發現了形成概念之道（前有亞里斯多德，後有蔡勒〔Zeller〕主張此說）；他根本不是哲學家，而是倫理革命家、先知，首倡自我主宰、自我成全以及人類自我解放的思潮（邁爾〔Heinrich Maier〕的主張）；他是一切柏拉圖對話錄中的蘇格拉底，他發明了理型論⑱、柏拉圖的靈魂不死論與理想國，凡是柏拉圖所述及的有關事實都是歷史事實（柏內特〔Burnet〕與泰勒〔Taylor〕的主張）。耶格（Werner Jaeger）的看法則與以

上諸說不同，他根據合理的步驟探討這個問題：蘇格拉底是以上諸說的統合，但須加上某些限制（特別是：後期柏拉圖對話錄，就是從理型論開始的哲學理論不應該歸屬於蘇格拉底）；在蘇格拉底本人身上，必有使這一切關於他的思想及著作得以成立的原因。我們研究的出發點應該是蘇格拉底不凡的影響，而那是我們直接印證的。耶格之說頗為可取，但是這已超出語言學做為嚴格科學的範圍了⑲。

----

⑱「理型論」（the theory of Ideas）是柏拉圖的主要學說。所謂「理型」，是指人的理性所能了解的不變的原型。感官所見的世間萬物皆在變化之中，缺乏真實性；只有理性所了解的理型是真實的存在。柏拉圖的「理型論」常被譯為「觀念論」，因而被人誤以為是唯心論。事實上，柏拉圖認為是人的理性「發現」了早已存在的理型，而不是「發明」了後者。因此，理型論無異於柏拉圖的形上學。其次，「形上學」（Metaphysics）一詞出於柏氏弟子亞里斯多德的一本書。亞氏有許多著作，其中有一本排列在《自然學》（Physics）之後，原先並無書名。後代弟子整理亞氏遺作時，就以《放在自然學之後的書》為其書名，此即是「形上學」一詞的由來。《自然學》探討「有形可見、充滿變化的自然界」；《形上學》則探討「無形可見、永不變化，但可做為自然界基礎的真實存有」。

⑲ 本節所提及的學者，除了亞里斯多德以外，都是當代研究蘇格拉底的知名專家。

# 歷久彌新的意義

　　研究以上傳統之後，我們都獲得了蘇格拉底的某種形象。暫且不管各種轉變的可能性，也不管我們承受的一切疑惑；我們所得知的蘇格拉底確實在衝激著我們的心靈，這不是詩意幻想可以辦得到的。也許我們所得的形象缺乏科學上的精確性，但是蘇格拉底確實咄咄逼人地站在我們面前，充滿了誘人的人格光輝。對於歷史上的蘇格拉底，我們不可能不在心中塑一形象。不僅如此，他的某種形象還是我們的哲學思維所不可或缺的。也許我們可以說：若無蘇格拉底，今日一切哲學思想皆不可能。一個人藉以體驗蘇格拉底的方式，正是他的思想之基調。

　　事實上，在蘇格拉底去世之後不久，對他的思想就出現了常識性的理解。以下摘錄一段偽造的蘇格拉底對話錄。

　　克萊托芬（Kleitophon）責備蘇格拉底說：你只是質疑別人，要求別人反省，而從不告訴別人該怎麼做。朋友之間互相幫助並以正義互相期許，當然是一件美好的事，但是疏忽自己的心靈需求而去擔心別人的問題，實為不宜而顯得可笑。那麼，現在克萊托芬想要知道究竟什麼是正義的行為，他希望聽到關於有益的事、盡義務的事、有用的事，以及有利的事。但是在蘇格拉底那裡，他不曾聽過確定的答案。因此，克萊托芬問說：難道質疑就等於一切嗎？難道我們一生

的任務就是去質疑那尚未被質疑的事嗎？就是在你我和別人那裡做同樣的所謂質疑的工作嗎？克萊托芬於是對蘇格拉底說：在努力追求德行方面，沒有人趕得上你；對一個尚未受到質疑也尚未抵達德行境界的人來說，你所做的一切都很有價值。但是對一個已經接受了這種質疑的人來說，你很可能成為他抵達德行目的之障礙。因此，面對已經接受這種質疑的人，蘇格拉底從此刻起應該放棄那僅僅是做為質疑及預備工作的討論，應該告訴他必須加進什麼具體的內容。克萊托芬要求得到指示。我們在此可以看到直至今日仍為人們所接受的提問形式。（人們想從哲學得到一些他們自己辦不到的事，但隨之表達出他們的失望。人們想得到現成的真理，但是在本質上，真理只能孕生於自己思想的內在覺悟。）

由於上述的那種失望，我們不難想像另一種反應。人們強求而得到了自己渴望的東西，他們為蘇格拉底添加了神祕的光輝，使他成為救世主或術士。這事在泰亞格（Theages）那兒發生了。據說許多人與蘇格拉底交往之後，得到讓人驚嘆的進步。只要與蘇氏處在同一間屋子中，就會改善自己；能雙眼看著他的人會有更多收穫；而坐在他身旁又能觸摸到他的人，就會改頭換面有如新人——喚醒內心去對話的力量，在此轉而成為所謂的神諭宣告所。在此，不再只有蘇氏對別人一味否定的聲音，同時還有另一種聲音，使蘇氏成為人們的典範。蘇氏聽從精靈的召喚而走向死亡，現在他把這個聲音傳遞給其他人，教導他們如何生活。

人們對蘇格拉底形象的轉變，並未付出太多關注。真實的蘇格拉底展現活潑的理性思維，現在卻成為擁有神奇力量的傳說人物，而兩種角色顯得針鋒相對。大概由於性格的特質，蘇氏的言行表現從一開始就蒙上一層神話色彩，這使他的魅力大為增加。但是他所熱愛的是理性與客觀推論，終究不能受到忽略。

我們一開始認識蘇格拉底，思想立即表現自由及神祕。首先，一切素樸而不經反省的信念及事實都要存疑了。解放後的思想，本身成為大問題。我們努力將生命安頓於思想檢訂的基礎上，努力在理性中尋找一個根源與規範，但是這些努力卻不能由於擁有思想這項技巧而達到圓滿的實踐。思想在自我澄清的過程中，已經慎思明辨了認知的方法與邏輯的運作，使它們繼續有效並因而廣泛增強了思想自身的可能性。但思想仍然需要更廣博旁通的根源，否則它將僅僅成為邏輯的理解力，一種技巧，一捆無意義的工具組合而已。任何充實圓滿的思維，都無法使思想窮盡枯竭。

因而，蘇格拉底的思想並未為科學奠基；科學的基石早就由愛奧尼亞（Ionia）的自然哲學家所奠立了⑳。但是科學家卻從這種新的思維方式推演出前所未見的動力。蘇格拉底的思想也並未引發對存有（Being）的本然面貌作哲學的闡釋㉑；這種闡釋早就由先於蘇格拉底的哲學家以開闊的手法辦到了。但是到了蘇格拉底，這種形上學的思維乃立即受到修正及確認。先蘇期哲學家的思維過於素樸，辯士學家的思維

則過於「雕琢」。蘇格拉底智慧過人，兼取兩者之長，指出神奇的「純真」之說：只要人回歸真實、肯定自我，就能掌握生命的意義。（蘇格拉底通盤思考了辯士學派的無數反省，但他並未隨之去瓦解人的存在基礎；相反地，他還努力使思想本身的內涵具體化，並在內在的行動中證驗之。）

所有後繼的蘇派思想家，都對「什麼是思想」有自己的觀點。但是到了實際運用思維的時候，還有許多問題。沒有人能夠在理論上證明蘇格拉底的思想究竟是什麼。但它仍是思想。亞里斯多德強調蘇格拉底是發明「概念」的人（亦即，他在談話中從個別物導引到普遍物），但是這一看法早

---

⑳ 古希臘哲學的發源地是愛奧尼亞（Ionia），位於小亞細亞的地中海邊，在今日的土耳其沿岸。此區原是希臘人的殖民地，由於位居交通要衝，會聚不同的思想，發展出愛智的哲學家傳統。第一位希臘哲學家是泰勒斯（Thales, 624-550B.C.），他從探索自然界的起源著手，擺脫了傳統以神話來解釋宇宙起源的觀念。

㉑ 「存有」（Being）一詞代表哲學家所探究的核心概念。宇宙萬物皆為存有之物（beings），恆在生滅變化之中。若是探求本源，想知道存有之物的來源與基礎，則是在從事哲學思維。這即是想由相對之物尋找絕對之物。人類理性的最大挑戰就是愛好智慧，探尋永恆而絕對的存有。「存有」本身並無名稱，後人稱之為神、上帝、道、天等。

就由柏拉圖解說得非常詳細，而亞氏本人也許還不知道。

蘇格拉底思想有可能陷入兩條絕路，但都可以避開。第一，它退化成為提供抽象判斷的道德標準，而不知躬行實踐正確的行為。第二，它能給非理性提供肯定的證明。為避免這兩種錯誤，應將它導向無懈可擊的確定真理，就是：真人必有真知、真知必有真行。

蘇格拉底的思想不允許一個人封閉自我。對於那些拒絕表達內心思想的人的遁詞，它毫不姑息；對於那些盲目相信命運的人，滿足於本能生命的人，或是囿於人性之一偏的人，它都直指要害，痛斥其偽。它開啟人的心靈，並且歡迎這些開啟所帶來的危機。

蘇格拉底的影響所及之處，人們對於自由都充滿信心；他們無須簽署信仰的條款。我們在其中找到了走向真理的同伴，而不是執著於教條的宗派主義。在闡明人性的潛能時，蘇格拉底遇見了「另一位」與他平等相處。他不需要門徒。他也為此而樂於以反諷的語調述說自己，使他風動草偃的光輝人格顯得較為平易近人。

# 2
## 佛陀
### Buddha

**原始文獻：**佛典。

**參考資料：**奧登堡（Oldenberg）、貝克（Beckh）、皮歇爾（Pischel）

佛陀（Buddha）①一生誨人無數，可惜他的訓示沒有明確載諸文字。目前所能尋獲最古老的資料，是簡略的巴利文聖典，其中以長部經典最為可觀。根據歷代學者的研究，我們知道某些典籍較為可信，北傳佛教與南傳佛教如何各擅勝場，以及最早的佛教史實：阿育王與座下眾僧在佛陀死後兩百年才開始傳揚佛教。歷代學者也告訴我們佛教本身重要的興革與演變。他們為了認識佛陀的真相，努力以批評的眼光，把顯然傳奇的資料與後人附會的史實一一剔除。但是這種去蕪存菁的工作卻可以漫無限制地進行下去，到了最後，若有人要求絕對可靠的史實，大概只剩空無一物了。

於今之計，我們只能根據大體可信的典籍，從那些篇章所蘊藉的深刻情感中，設法描繪一幅佛陀畫傳。

# 生平（西元前560～480年）

　　佛陀原姓喬達摩（Gautama），出身釋迦（Sakya）貴族，其父統治迦毘羅衛國（Kapilavastu），附屬於強盛的拘薩羅公國。佛陀所居之處，正在喜馬拉雅山雪峰之下，遠遠望去，山巔終年銀白相間，閃爍生輝。喬達摩的幼年與青年時期，生活在貴族世界中，享受著榮華富貴；他早歲成親，育有一子羅睺羅（Rahula）。

　　隨著年歲的增長，他逐漸了解人生的諸般實相，並深深感到幸福有如過眼雲煙，毫不足憑。他看見了衰老、疾病、死亡。他對自己說，我不該恐懼或嫌惡肉身的悲慘命運，因為我也會遭遇衰老、疾病與死亡。「想到這些念頭，我的勇氣都消失了。」最後他決定按照印度已有的傳統，離開自己的妻子家國與財富名位，遁入山中苦修，以求解脫。時方二十九歲，有一段記載說：「生命正值青春，充滿無窮希望，苦修的喬達摩卻離鄉背井，無家可歸。雙親悲切啜泣，無奈去意已堅，苦修的喬達摩終於落髮斷鬚，穿上黃色僧袍。」

---

① 「佛」或「佛陀」是梵語音譯，意為「覺者」。佛陀是指佛教的創始人「釋迦牟尼」，意即「釋迦族的沉默聖人」。

他接受瑜伽派的戒律②，年復一年在森林中禁欲苦修。「遠遠望見樵夫或牧童，我就閃身避開，穿梭於叢林、溪谷與山峰之間。為何如此？因為我不要看見別人，也不要被別人看見。」沉思冥想需要孤獨寂靜。「的確，這真是一塊可愛的地方，好一片優美的樹林；河水清澈蜿蜒，沐浴爽身無比；大小村莊環繞外圍。一個志節高尚的人在此尋求解脫，可謂適得其所。」喬達摩靜坐著，等待大澈大悟的到臨，他的「舌貼緊上顎」，他全神貫注，絞盡腦汁，苦苦思索。

但是一切終歸徒然。他的苦修並未帶來澈悟。這時他領會到：光是苦行，不足以抵達真理，空洞的戒律毫無用處。於是，他擺脫拘限，做出違背印度教信仰的行為；他開始飢食渴飲，養精蓄銳。苦修中的夥伴視他為叛徒，紛紛背他而去。現在他孤零一人，屏除了苦修齋戒，鎮日只顧沉思冥想。

某夜，他在菩提樹下沉思，終於廓然大悟，成就無上正覺。一霎時之間，豁然通透宇宙諸般真理：人生之實相如何；緣何如此；萬物芸芸，何以盡皆嗜生若狂；又如何盡落生死網中輪迴不絕；苦為何物，緣何而來，又如何能被超越。

他的覺悟可以表述於下：俗世的歡愉享樂與禁欲的苦修齋戒，都不是人生正途。前者浮淺粗鄙，後者苦不堪言，也不足以證成善果。佛陀的主張是「中道」③，亦即解脫之道。他的信念初時尚非理性所能辨明，但已真確不移，即：眾生皆苦，而如何出離苦網實為當務之急。接著，應發心在

言語行為上守正不阿，讓中道引渡至各種冥想境界，並在沉思中澈悟最初的信念果如其是：眾生皆苦。只有經過這一番沉思冥想，人才能清楚了解中道何在，因而成就正覺。功德圓滿之時，輪迴之苦即止④。這種正覺使人超出無盡的生滅網而渡入永恆，超出凡界而步入涅槃⑤。

七日之久，喬達摩，如今應稱為佛陀（亦即覺者），靜坐菩提樹下，細細品味解脫的喜悅。然後該怎麼辦？他珍惜自己的正覺，決定保持緘默。他的體認對於世界是陌生的，又怎能期待世界去理解他呢？何必給自己增加「無謂的困擾」？世界仍將陷於毀滅與重建的週期循環；無明的眾生也

---

② 瑜伽派（yoga）是印度傳統的婆羅門教「六派哲學」之一。六派哲學是指「數論、正論、瑜伽、正理、彌曼差、吠檀多」。在印度早期經典《奧義書》中，談到「瑜伽六支」，意即修行的六法門，包括：制氣、斂識、靜慮、凝神、觀照、入定。其目的是要藉由苦行而領悟「梵」（Brahma，可理解為宇宙本體或宇宙原理），並從愛欲與死亡中解脫出來。佛陀所修行的瑜伽法門屬於印度早期的修練方法，而非西元前二世紀才出現的瑜伽派哲學。

③ 當時反對婆羅門教的有三派思潮，就是耆那教、唯物派與佛教。唯物派主張享樂主義的縱欲生活，耆那教則倡行嚴格的禁欲主義。這兩派各趨極端，佛教則排除兩者，採取「中道」。

將沉淪於生死網中，輪迴不已。現世種種行為，累積成「業」⑥，以決定來世的存在；而現世又復為前世之「業」所決定；如此因緣果報，輾轉相生，永無止期。世界本身並未遷化，但澈悟之人卻有可能在其中證得解脫，出離生死網，並渡入涅槃。佛陀在孤寂之中得此正覺。「我沒有朋友。」他深知自己的解脫之道。「確實如此，我不會告訴任何人；我的真道對於生活在塵俗欲念中的人是闇而不彰的。」

　　然而，圓滿具足的佛陀終究不忍獨善其身。幾番思量之後，他決定宣揚自己的教義。他並未抱著很大的期望，但是宣教所過之處，信徒蜂擁而至；這時他卻預言真正的教義將無以久存。他繼續勸善施化的旅程。「處身幽黯之世，我將敲擊不朽的鼓聲。」

　　他從婆羅耐斯城（Benares）開始宣教，召收首批弟子。他的後四十年都在印度東北部的廣大地區遊行教化。就精神方面而言，他不再有任何新奇的體認。他的基本訓誡是一套完備的教義；他以各種說法來解釋同一論旨。因此後人只能把這個時期視為一個整體。佛陀宣教時，或以演講，或以故事，或以比喻，或以箴言；我們可以聽到各種對話與交談，想見無數的場景與畫面。他並不用梵文宣教，而以當地的方言。他的思考充滿具體的意象，表達時則運用取自印度哲學的概念。

　　他在歷史上的重大影響，泰半由於他所創建的僧侶集

④「輪迴」（Saṃsāra）觀念在印度早期的《奧義書》已經出現，大意是說：一個人死後，他的自我離開身體，卻又創造了新的形式，在眾生中輪迴，或者進入沒有輪迴的大梵世界。佛教接受此一觀念，再演變為更完整的「六道輪迴」之說。所謂「六道」是指「天道、人道、阿修羅道、畜生道、餓鬼道、地獄道」。天道眾生沒有生、老、病的痛苦，但享樂的誘惑較大，使他們很難靜心修行。人道眾生有苦有樂，最適宜修行，抵達覺悟而超脫輪迴。阿修羅道眾生有嫉妒之心，不思修行，常與天界作戰。此為三善道。其下為三惡道，不暇細說。依佛教教義，除了佛、菩薩、羅漢外，一切眾生都要在六道輪迴中生死流轉，輪迴不止。

⑤「涅槃」（Nirvāna）的字面意思是滅除及止息一切煩惱與痛苦。涅槃分「有餘、無餘」二種。有餘涅槃是指人雖無心靈上的苦惱，但仍有身體，難免會有身體上的病痛。無餘涅槃則是指身心皆無苦惱。後期佛典提及涅槃有「八味」：常、恆、安、清涼、不老、不死、無垢、快樂。也有「八相」之說：盡、善性、實、真、常、樂、我、淨。佛教修行的目的，即在脫離輪迴、證入涅槃。

⑥「業」（karma）的概念在《奧義書》已經出現，其字面意思是「行為」。這種行為及其後果以某種形式存在於人的身心之中，不隨人的死亡而消失；同時這種業能夠束縛也能解放人的身心。佛教的基本教義為「緣起論」，亦可稱為「惑業緣起」。人生是由無明與愛之「惑」，以及行、取、有之「業」，為「緣」（條件）而產生。這些在介紹「十二因緣」時會再作較詳細說明。

團。弟子們應該出離家庭，放棄職業，告別故鄉。他們必須四處遨遊，赤貧而守貞，落髮剃度，身著黃色僧袍。一旦證得大澈大悟的解脫，他們即無所求於此世。他們行乞度日，沿門托缽，任由村人布施食物。這一集團初立之時，即訂下法規與戒律，安排師父與修行。多年之後，在俗弟子不斷加入，其中包括王公貴族、富商巨賈，甚至當時的名妓。他們都毫不吝惜，慷慨捐輸。於是僧侶集團逐漸擁有田園屋宅，可以在雨季時安頓廣大民眾，讓他們專心求道。

隨著佛教的傳佈，僧侶制度也遭遇阻力。「人們心懷疑懼：苦修的喬達摩將使大家斷絕後嗣，將使寡婦日漸增多，也將造成人類的滅亡。許多貴族青年都追隨苦修的喬達摩生活在聖界之中。」成群的僧侶出現街頭時，人們紛紛嘲諷：「看啊！這些光頭和尚。看啊！他們裝模作樣低頭若有所思；的確，他們沉思的樣子就像一隻懶貓躺在那兒等待老鼠送上門來。」但是佛陀對付這些羞辱的基本原則，卻是毫不抵抗。「眾僧們，我從不與世界爭鬥，而是世界在攻擊我。凡是堅信真道的，必不與世間任何人爭鬥。」這種衝突漸漸走上精神的層面。佛陀所遭遇的精神阻力並不是來自統一的立場。吠陀宗教本身有許多派別⑦；苦修的團體各自林立，哲學思想歧異互見，甚至還盛行一套辯論技巧，以各種問題困擾對手使之陷於矛盾。但是，由於拒絕遵行吠陀宗教的祭祀，又不肯接受吠陀經師的權威，佛陀的教義終於與整個傳統徹底決裂。

佛陀與眾僧的生活行誼，在典籍中記載得栩栩如生。雨季來臨的三個月，他們必須蟄居在屋宅的廳堂倉廩中，或在庭園的蓮花池畔走動。其餘九個月則遊歷四方布道施化。行腳所至，或託宿於信徒家中，或憩息於曠野。各路僧眾會集時，嘈雜之聲喧騰。但隨即有人勸息，因為佛陀即將來臨，他喜歡安靜祥和。王公貴族與富商巨賈，乘象駕車前來與佛陀眾僧晤談。佛陀每日親持缽盤，沿門行乞。所過之處，弟子成群，許多在俗信徒也加入行列，自備馬車供應什物。

佛陀的最後行誼及圓寂過程，尚可找到記載。他於紀元前四八〇年辭世，應可確定。他的最後一次遊歷，記述得頗為詳細。初時，他還盡力忍耐自身的病痛，堅毅地活著。最後他才說出了：「三個月之後，成道之人將進入涅槃。」旅程途中，他不禁回顧心愛的吠舍離城（Vesali）。一行人走到一個小樹林時，他指示弟子們：「在這連根的兩株樹中間為我安置一床，我的頭要向著北方。阿難陀（Ananda），我累了。」然後他像獅子一般伏臥休息。

有一弟子低聲飲泣，他說：「別哭，阿難陀。不要哀

---

⑦「吠陀」（veda）一詞原指「知識」或「明論」，是印度古文明（1500-1000B.C.）的經典，主要有「四吠陀」：黎俱吠陀（讚頌明論）、夜柔吠陀（祭祀明論）、砂磨吠陀（歌詠明論）、阿闥婆吠陀（禳災明論）。這四吠陀代表印度文明的第一期，以此為基礎，再發展出婆羅門教以及各派哲學與宗教。

戚，也不要悲傷。我不是告訴過你，我們所親近鍾愛的萬物，本質上都會消失嗎？既然生成之物注定了必然消滅，那麼我又怎能不死呢？」

弟子們都擔心佛陀死後，真道也將失去明師。「不要這麼想。我所傳給你們的教義及戒律，在我走後將做為你們的導師。成道之人從不認為自己可以領導弟兄……我已衰老，我的行程已接近終點，我就要八十歲了。所以，阿難陀啊，你們都應該做自己的明燈。自立自強。以真理為明燈，緊緊把握住。在真理中自求解脫。」

臨終之時，佛陀說：「一切功德倏忽生滅，奮發努力永不止息。」說完後，進入冥思境界，層層上躋，終入涅槃。

# 教義與冥思禪定

　　佛陀的教義，旨在由正覺而得解脫。真知本身即為解脫。這種助人解脫的知識，其起源及方法皆與我們日常的知識概念相去甚遠。佛陀的知識並非感官知覺與邏輯推理所能證得，而須從意識的淨化過程與冥思的層層上升之中悟覺。佛陀即因這種冥思而在菩提樹下證得澈悟。他所傳授的教義也只能在冥思中復現。佛陀在冥思中，與其他的印度瑜伽教徒相同，知道自身面臨著來自超越根源的世界眾生。他在冥思中，以「神性的、清明的、超覺的眼睛」觀看。

　　科學理性與哲學思辨必定局限於我們現存的意識形式。而這派印度哲學卻可以說是掌握了意識本身，藉著冥思的訓練，把意識提升到更高的形式。意識因此成為一項可變之物。理性思考限於時空，原本只是意識的一個層次，現在已被那提昇至超意識界的經驗所凌駕了。

　　至於人生根本問題的解答，則須求諸這些較深的源頭，一切理性推論的意義與價值亦全賴於此。因而，佛陀所欲宣示的真道，不免散失於表面文章與抽象命題之中，讓聽者買櫝還珠了。「真理深邃無比，不易掌握、不易理解、充滿祥和、廣大精微，光憑理性不能企及，唯有智者得其法要。」

　　就這種思維方式來看，吾人由一般意識中的哲學思想與沉思靜坐中的超覺經驗所得的真理，應該與吾人經由道德行

為而煉淨一生的努力相輔相成。虛妄謬行不能僅憑沉思冥想去克服，也不能只靠意識技巧去超越；只有當靈魂被煉淨時，這些途徑才能奏效。

教義中各種錯綜複雜的說法，可以推源於一套難以言說的完整內容，其具體表述如下：佛陀所教誨的不是一套知識系統，而是解脫之道。在此一解脫之道中，確證與認知的方法是很重要的。弟子要成道，不一定要通過嚴謹的邏輯程序，但須知道此一方法中的每一步都有其意義。

這一解脫之道稱為「八正道」，「八正道」即是：正見、正思維、正語、正業、正命、正精進、正念、正定。⑧佛陀曾對八正道做了較為清楚詳細的描述：正見是最初階段和修行前提，對苦及苦的止息開始有了稍嫌模糊的認識。此一認識只有在八正道的最後階段，才能得到覺悟，明白在因緣中一切存在之苦的形成及止息。包括這一信念在內，八正道可以分為四組，亦即加上：在意、口、身方面有正當的行為（品行，sita）；通過努力進入禪定之諸階段；從而達到正定（定，samadhi）、覺悟（慧，panna）、解脫（救濟，wimutti）。解脫是通過覺悟而獲得，覺悟又是通過禪定而達到，禪定則是通過正當的生活所獲致。

但是這一連貫的解脫之道，本身也構成一套教育體系。佛陀的真道並不僅僅基於沉思禪定，同時也顧慮到正常的意識。理智的了解被超越了，而不是被排斥。當超越的經驗要與別人溝通時，就須用到理解。同樣地，我們也不該說佛陀

正見．正思維．正語．正業
正命．正精進．正念．正定

的真道完全基於思辨理性，雖然他的表達形式源出於此。至
於僧侶生活的情操也不足以局限他的真道。究實而言，沉思
禪定、理性解悟、哲學思辨、僧侶精神，都是構成佛陀真道
的一部分，但又各自獨立；它們並無層級高低之分，而是互
成環結有如印度瑜伽派的各種形式（體能訓練、道德修行、
參入正覺、仁愛為懷、超覺靜坐）。

　　禪定冥思的層次與尋常理解的觀念之間，並無明確關
係；得自觀念的經驗與影響意識的體驗之間，也無明確關
係。但我們也看到平行對應的情形。例如，每一層次的禪定

---

⑧「八正道」：佛教有「四聖諦」（四項真理）之說，其
　　中「苦、集、滅、道」的「道」諦，即為八正道。所指
　　為：（一）正見：正確的見解，即接受佛陀的教訓，如
　　緣起論、四聖諦等。（二）正思維：正確的意念，這是
　　針對意業而言，起心動念即須戒惕，要去除執著與自私
　　的念頭。（三）正語：針對口業，要做到不妄言、不綺
　　語、不兩舌、不惡口，說話合乎規矩。（四）正業：針
　　對身業，要做到不殺生、不偷竊、不說謊、不邪淫、不
　　飲酒；同時要勤於布施，清淨言行。（五）正命：選擇
　　正當職業，生活合乎規範。（六）正精進：正確的修
　　行，依佛法而為人處世，毫不鬆懈，使身心趨於完善。
　　（七）正念：配合前述的正見與正思維，念念不忘佛
　　法，以求完全拋棄對自我的執著。（八）正定：堅定不
　　移相信佛法，不再迷惑與恐懼，完全掌握精神狀態，有
　　如禪定而接近解脫。

都會體驗到一種新的超感覺世界。即使沒有這種經驗，我們也可以故意忽略某一境界而超越之。邏輯觀念可以使我們擺脫有限世界的束縛，進入寬闊的空間。但是，只有藉著禪定冥思才能充實增益真理，才能抵達圓滿真相。這兩種途徑不應該是主從關係，而應該說是相輔相成，不可或缺。各有接引妙方，使我們走向真理。

在思辨、禪定與守戒之中⑨，確定目標並達成的是人的意志。每一個人都有自己的能力，以從事行為與動作，禪定與思索。他努力工作、奮勉前行，有如登山之人。因此佛陀誨人，總是要人先發心立志。人必須全力以赴。並非所有的追求者都可以完成目標。事實上，有些親炙佛陀的弟子，未曾發心即證得澈悟，算是殊遇。他們當下頓悟人生目標之後，仍應拳拳服膺，終生存想珍惜。

禪定並不是一套屢試不爽的技術。要想系統控制人的意識狀態以達到隨心所欲的程度，是頗有危險的。假使沒有適當的基礎就貿然採用這些方法，結果只會帶來災難。而真正的基礎在於純淨無染的生命。生命首須「覺悟」，由覺醒再入於禪定，終至展拓全面的視域。然後，清明之氣瀰漫全身，透顯到意識深處、無微不至。守戒、禪定與思辨的作用是要使人的內在充滿光明。禪定的境界不應該包括迷醉、出神，或有類似麻藥與鴉片所引發的奇妙亢奮狀態；而應該包括超越聰明理性的直觀慧見，到達非想非非想的地步。它的普遍要求是：讓意識深處完全醒悟，化暗為明，棄惡從善；

使言行體驗完全伴隨著圓滿的無上正覺。

　　因此，佛門眾僧的要求是德慧雙修，既要有深奧的思想，又要有偉大的言行。他們必須遵守以下戒律：守貞、戒酒、不妄取、不殺生；還須修持四種法要：仁愛、慈悲、同情、寬恕。這四種無量法要可經由禪定而無限提升。佛陀的生命氛圍正是如此：祥和無比、良善心謙，禽獸從之亦化消野性，只要是有情眾生，不論人、獸或神，皆一律平等，慈光普照。

---

⑨ 這裡所說的是「戒定慧」三學。配合前述八正道來看，「戒」包括正語、正業、正命與正精進，此階段仍處於被動狀態。「定」包括正定，開始化被動為主動，積極研究佛法。「慧」包括正見、正思維、正念，至此領悟佛法真諦。此三學相互為用，依螺旋方式不斷向上提升。

# 宣示的教義

在佛教經典中，佛陀的教義自成一套知識系統，其中包括各種命題與理性觀念的推展，可以讓一般大眾理解。事實上這一套知識的根源仍舊落在禪定或超化的意識狀態中。它的印證雖然訴諸泯除我執之後的出世直觀，但是它的內涵仍可讓凡人的理智去了解。佛陀開教示人，並不以某種超乎感性的體驗，而是以一套合乎理性的思想。他善於使用各種概念、抽象思維、相關事例、具體比附，這種作法與他原屬的印度哲學傳統若合符節。它的教義雖為凡人的意識所能接受，但真正要產生效用還須配合超乎感性的體驗。人類有限心智的理性思考仍不足以抵達正覺。只有藉著禪定才能領悟教義的神髓，理性推證只能扣其形迹得其表相。佛陀教義的根源及本質既如上述，我們以下所作的理性表述自是勉強而為的。

（一）佛陀明見「眾生是苦」。「何謂苦諦？就是生苦、老苦、病苦、死苦，與愛別離苦、怨憎會苦、求不得苦。由五蘊活動而生種種煩惱。」⑩

「何謂集諦？就是痛苦的因緣，執著於渴愛欲望，陷入輪迴造業之網。由五蘊活動而生種種煩惱。」

「何謂滅諦？就是欲愛永盡無餘，割捨、解脫、安詳、無欲。」

「引歸滅諦就是八正道。」

這種洞見並非源於觀察個別的存在，而是由於透視了存在整體。其意味並非悲觀，而是靜穆明覺——因為其中蘊含解脫之道。佛陀鄭重向世人描述存在的實相：

「全世界都在烈火焚燒之中。眼處生火，諸色生火……火勢緣何而來？緣於五蘊熾盛，緣於怨憎之火；緣於生、老、死、憂、悲、苦、惱。」

但是問題的關鍵在於一切眾生皆是無明，不知不覺地執著於原本空幻之物，然後墜入生滅流轉之中，永不超生。

因此救援之道別無良策，必須以真知超越無明。但是個別事物的知識（分別智）毫無作用，只有根本的無上正智，才能使我們觀照那生滅之後的整體。解脫之道，端在去除我

---

⑩「五蘊」又名「五陰」。「蘊」為積聚之意，五蘊為五種聚合，是佛教對人體及其身心現象的說法。所指為：色、受、想、行、識。色蘊是指人體由四大物質（地、水、火、風）聚合而成。受蘊是指人的感官因接觸外界而生之情緒與感受，有「苦、樂、捨（不苦不樂）」三受。想蘊是指由外界刺激所引發的感性方面的認識。行蘊是指認識事物之後去行動的意志。識蘊是指對外界萬物的理性認識。人的自我並不存在，其內容是這五蘊所構成的。佛教所謂的人生八苦（生、老、病、死、愛別離、怨憎會、求不得、五蘊熾盛），其實以五蘊熾盛為其根本。

執，排拒一切空幻的愛欲——如此才能悟入整體存在的因緣起始以及超越之法。無明、妄見、法執，都是這種存在的本源；完善的知識使它解危脫困。

（二）「十二因緣」之說正足以表達由無明到解脫的苦諦緣生網：

「行生於無明；識生於行；名色生於識；六入生於名色；觸生於六入；受生於觸；愛生於受；取生於愛；有生於取；老、死、憂、悲、苦、惱皆生於生。」⑪

這種因緣網對我們似乎非常陌生。但通行的解釋是：它原本不關懷普遍的宇宙歷程，而只是關懷痛苦的輪迴轉世：病、老、死，皆令人不堪忍受。而這一切的來源何在？在於生。生的來源又如何？在於有⋯⋯如此直推到最初的總因，無明。我們若倒轉緣生次序，從最根源的無明開始，則自無明首先產生行，這種不自覺的行動力量構成了生命居所。然後隨順生命歷程而產生識；識再見諸萬物皆為名色。依序緣生六入、觸、受、愛、取、有——造成未來業的基礎，再度構成生、老、死。這就是所謂的「十二因緣」之說，「諸法皆源自一，成道之人就是要指出這個原因以及化解之方。」宇宙萬有都在因緣網中生滅。

只要認清因緣網與最後因，就能超脫這一循環惡夢。只要克服無明，則隨後的因緣網亦將煙消雲散。

在佛陀的教義中，做為解脫基礎的真知被如實加以描繪。但那並非純為知解，而是包括廣大願行的實踐。它能脫

離存在的束縛及一切悲慘的結局。自殺對於這種脫離毫無助益，反而帶來更多痛苦，不斷的轉世與死亡。只有藉著真知，在真知之中，才能獲享圓寂。

⑪「十二因緣」：眾生由十二種因緣會合而成，這些因緣又依序處於三世流轉之中，由過去因造成現在果，又由現在因造成未來果。首先，過去世的二因是（一）無明：不知佛法教義，不明善惡因果，由貪、嗔、癡「三毒」帶來困惑與煩惱，具體表現即為我執，以虛為實，以幻為真。（二）行：由無明而造成善惡諸業（凡是出於自我意識而有心作出的言行，並產生影響及後果的，不論善惡，皆稱為業）。由上述二因所產生的是今世的五果，內容如下。（三）識：由過去的言行累積為一定的業，轉世投胎為現在的生命，所謂「含識而生」即是此意。（四）名色：投胎後的身心狀態，逐漸具有知覺能力。（五）六處：胎兒的眼耳鼻舌身意，外物由此進入人的生命，又稱六入。（六）觸：經由六處接觸外界，產生初步的認識。（七）受：由接觸而生苦、樂、愛、憎等感受。接著，人在今世又製造以下三因。（八）愛：由感受而生求樂避苦、貪愛不捨的欲望。（九）取：由愛而生對外物的索取或占有。（十）有：執著於自我，在言行上造業，由此形成來世之因。最後，出現未來世的二果。（十一）生：今世的業必將帶來輪迴，使人在來世再生。（十二）老死：來世也將老病而死，並且也將在完全消除業障之前，一直依序輪迴下去。

這循環一大套的苦諦皆出自無明，但原始的無明來自何方？這個問題不曾提出。他們不曾討論如何自無窮的法滿開始墮入無明的問題；這一點或可使我們想起猶太教─基督宗教系統對人類墮落的解說。前面一系列問題，連環相鎖，似乎指向了世界敗壞的第一因。但是佛陀的追究倏忽而止。真知能確保人類的解脫，這樣就足夠了。無論如何，苦惱始生之處若無罪業，誰又會真正有罪呢？

（三）但是接著要問的是：這個「誰」是什麼？自我是什麼？我是誰？佛陀的答覆令人驚訝。他否認自我的存在。

他的教義這樣說：自我並不存在。眾生的存在都是由因緣果網和合而成，亦即五官及其所對（色、香、觸等）；它還包含不自覺的行動能力，配合著氣質、欲望、本能、生命活力，最後還有意識。這些因緣在死亡之時全部瓦解。它們的統合與核心並非自我，而是業行，這些造作的業行在輪迴時又和合成另一短暫的存在。

但是佛陀也曾在他處作了更明白的表示，說他並非否定自我，而是認為思想無法達到真實自我。「身體不是自我，感覺不是自我，觀念、名色、不自覺的行能，都不是自我；認知、純理的意識，不是自我（根本沒有一個恆存不變的自我）。而縱身變化之流的也不是我，不是我的自我。」但是以上所謂「不是自我」，都是以一真實自我做為標準而衡量的。這種自我雖然不得而知，但仍有一可循方向。雖然無法明確指認，但終須與涅槃相應。

我們從佛陀講述的禪定境界中，可以歸結三種層次的自我：其一，自我即是此身。其二，自我即在禪定中由此身抽離出來的精神體，「宛如自莖中抽出葉片」；這種自我屬於超乎感性的層次。其三，「含蘊意識」之未成形的自我，屬於大氣（以太）中的無窮領域。每一種自我皆顯然相應於某一禪定境界，並且只對該一境界為有效，別無自性存在。真正的自我並不存在。在感性世界中，身體即是自我。到了禪定的第一層境界，精神自我逐漸體現出來，原來的身體自我消失於無形。再往上行，連精神自我亦被揚棄。自我在禪定中即使未遭否定，也清楚顯示為相對的存在。只有到達與涅槃相應的無上聖境時，真實自我才圓滿具足。

　　但是，若無法說明或未曾說明何謂自我，則難免還要追問：是誰獲得了解脫？是誰得到了救贖？不是我嗎？不是自我嗎？不是個別的人嗎？

　　（四）現在該怎麼說？諸行無常，諸法無我。當下所見的一切只是幻象、無明與苦惱。宇宙萬象皆在變化生滅，這一點後期佛學敘述較詳；萬法皆空，剎那流轉。永恆常住之物原是子虛烏有。確定不移之點也是徒託空想。自我只是生滅流轉中的幻覺而已。

　　諸行確實無常，諸法果然無我。但是由此兩者卻能超入殊異勝境，使一切虛妄假定盡皆剝落。這即是非有非非有之界。只有無上正覺才能觀照此界，只有涅槃妙境才能契合此界。

（五）無上正覺應在禪定的最高境界出現。但它在吾人日常的意識狀態中，也能洞見我執法執之虛妄。它明見輪迴大網，觀照各層世界以及六道自天至地獄的轉世相生。它明見苦諦的因緣果報，以及教義所無法言詮表述的一切實相。

正覺是什麼情況呢？佛陀以比喻來說：「這就有如山上的湖泊，湖水乾淨、清明、澄澈。一個人站在湖邊，他不是瞎子，可以清楚看見水中的貝殼、珠蚌，以及成群游魚。」如同此人觀看湖泊，正覺者可以認清世界的最初原因，以至於最特殊、最個別的現象。因此，「修行者洞見了這一切，領悟了般若智，從自我中解脫出來，變得明覺淡定。」他使自身的存在提升到一個新的層次，從而能夠清晰地觀想苦、集、滅的情景。如此，他獲得了「現世的大智慧」。

（六）涅槃：無上正覺即能契入涅槃，達到終極的解脫，圓滿具足。佛陀怎能講述涅槃呢？他一開口，就難免落入虛妄意識的領域。他的講述，將使涅槃陷於存亡困境。因此須以特殊方式表達：對我們的相對知解而言，它是空無一物，而事實上又重要無比。但，這是什麼東西呢？

如前所述，諸行本無常，諸法亦無我，因此別無門徑脫困。但是我們可以完全超越我法二執而登上一種「境界」，使諸般煩惱假相隨緣幻化。

我們若想了解佛陀所云涅槃之義，就須牢記這些有違邏輯思辨的弔詭說法。試舉例說明：

「此一境界，非地、非水、非火、非風；非無窮空間、

非無限意識、非空無一物，非『非想非非想』；非此世、非彼世、非此彼二世、非日月之界。緣生不再，變化不起，綿延終止，無成無毀。既非定住，亦非行住，無憑無依。眾苦於此盡滅。」

我們在此不得不借用形上的思考方式來談。所謂涅槃，超然於二元對立之上，既非存有亦非空無（如《奧義書》中所云），以世俗的方法對它無從認識，因而不能做為研究對象，但它卻是終極的根本實在之基礎。「此物無始無生，無成無形。苟非如此，則萬物莫知所從。」（如柏拉圖《巴曼尼德斯篇》所云）可說之言總有缺憾，再多的描述也將錯過永恆境界的主要標記。

問題必須就此止步。繼續探詢只能得到如下答覆：「何以你竟不知問題的界線？一切慕道者皆在此涅槃之中安身立命；涅槃是終極目標，圓滿而具足。」未曾契入涅槃者，只能緘默認命。「凡入於清涼寂靜者，無所羈絆，欣喜無限。言語不足以狀其妙，思想不足以範其美：一切思辨理性的途徑皆幻化於無形。」

（七）不是形上學說，而是解脫之道：我們至此所談的種種觀念都與解脫有關。凡與解脫之道沒有必然關係的知識，都是佛陀所棄置的。他對下述命題不作疏解：像「世界是永恆的」、「世界不是永恆的」，或像「世界是有限的」、「世界不是有限的」，或像「成佛在死亡之後」、「成佛不在死亡之後」。換言之，他對這一類命題所帶來的

問題並不在意。

佛陀甚至認為對形上學問題作理論式的探討，也是有害的。它將成為新的桎梏，因為形上學思考必須依從理性的固定形式，而這些形式對一個尋求解脫之道的人正是一種羈絆。形上學的討論總是爭辯不休，矛盾互見，最後依然各執一詞、自是其是。但是，拒絕回答形上問題的主要理由，還是在於這些問題無助於人之走向涅槃。相反地，往往它們還構成阻礙：

「就像有一人，為毒箭所傷，朋友急著為他延請醫生，他卻頑固地說：『除非我先知道那傷我之人姓甚名誰，除非我先知道那傷我之人來自何村，否則我絕不讓人拔出此箭。』此人在查明真相之前可能就毒發身死了。同理，若有人堅持說：『除非世尊能向我解說世界是永恆的或不是永恆的，否則我絕不服膺世尊的宗教修行。』此人在得到世尊的答覆之前也可能先死了。無論教義主張世界是永恆的或不是永恆的，生、老、死、憂、悲、愁、苦、惱無一不具，我的一生也都在設法化解之。因此，牢牢記住我不曾解說的問題以及我不曾解說的緣故。」

佛陀聲言，他拒絕談論並不表示他不知道。沉默的力量在佛陀的生命中極為重要，而在表達他的思想時又能產生驚人效果。他從不全盤探討所有終極的問題。他的沉默並未使那些問題消失，而是使它們回歸於無涯的背景中。佛陀認為我們可能在世間找出一條途徑，使這世間可以由之消逝。至

於走上這條途徑的知識，則正是佛所宣示的說法。但我們必
須謙虛地放棄探索整體存在界的知識。

無明
十二因緣

苦集滅道

八正道

諸行無常
法無我

# 創見

　　佛陀所宣示的教義，他所使用的術語、思想方式、概念表達或實際修行，並無特別新奇之處。當時，苦修教派、禁欲團體、僧侶制度早已存在多年。林棲隱士來自各個階級，並在成道之後不問出身，一律受尊為聖賢。藉真知得解脫的觀念，也早在他之前的瑜伽教派就有了（透過禪定冥思的各種層次而得解脫）。並且毫無疑惑的，佛陀也接受了傳統對宇宙、世界年代與多神世界的種種觀念。佛教整個教義似乎像是一套統合的結晶，一方面有基於超越界的印度生命形態，另一方面則是印度哲學的巔峰發展。

　　以「創新」做為一種評價標準，是現代西方世界常用的手法。然而，即使佛陀本人的生活與思想毫無殊異之處，他的龐大影響也可以歸結為幾項因素，足以讓我們以創新的角度來看待他。

　　（一）首先是佛陀光輝燦爛的人格。我們由各種傳說中，可以感受到這位歷史人物的鮮明形象。他昭示眾生當行之道。但對於存有與無明之形上基礎，則不作斷語。釋迦牟尼（即，釋迦族的沉默者）能造成如此強烈的震撼，似乎也應歸功於這種沉默。

　　他的生命形態，主要得之於超強的意志力量。根據傳說，有一賢者阿希陀（Asita）曾預言新生的釋迦將成為轉輪

聖王，或成為大智覺者。但是在佛陀看來，征服及統治世界的意志，並非圓滿無上的意志。圓滿無上的意志應見諸個人之征服自我，不做自身之奴隸，亦不做俗世之臣屬。「能夠征服我執我慢，才真正是無上喜悅。」

若能征服自我而不著形跡，即可謂為成全。佛陀的精神生命，超脫一切侷限，故能顯出高貴儼然、靜穆自得，以及慈恩普施。他從不擔心個人的生活需求與眾人的是非曲直；這些對他都遙遠有如自身已被超越凌駕的生命。佛陀擺脫了人的性相；過去諸佛與未來諸佛一脈相承，都在走著相同的道。他消逝於無量眾佛之間。「我的精神無家無鄉，遨遊於塵世之外，超脫了人間種種束縛。」他是不可認知的：「佛陀徜徉於無限之境，無跡可尋，你怎麼可能認識他呢？」

我們對佛陀人格的描繪，其中一部分就是排除了任何個性。他沒有獨特的性格。在佛陀與他的虔誠弟子之間，或在他的弟子與弟子之間，並沒有本質上的差異。弟子們全是小佛陀。佛陀展現的是一種典型，而非一個人格。與他相反的典型還有邪惡者、不信者、詭辯者。最難以理解的還是：一個人格的影響力，竟來自他之解消一切個性徵象。否定自我，是佛陀教義的基本原則。佛陀的體驗並不是把自我投射到歷史的大我之中，而真正是一種自我的棄絕。他的人格力量，也不是西方或中國的人格觀念所能理解的。

（二）其次，是佛陀行事之完全性與徹底性；他的所作所為有些也曾被人部分實現，但都不像他那麼完全而徹底。

他背離傳統，尤其是打破種姓的階級制度⑫，擺脫諸神的絕對權威。他並未反對諸神，而承認諸神也是世界運作中的實在界。雖然如此，他還是把諸神置於無足輕重的地位。

他向眾生宣示教化時，表現得嚴格而徹底。少數人可以做到的，一切人都應該可能做到。林中隱士的小團體所經歷的，現在應公開傳佈於城市、鄉間、人群，普渡眾生，歸依真道。佛教的外在形象逐漸塑成：成群的托缽僧侶篤守教規，度其貧窮、貞潔、無家、出世的生涯，而在俗弟子則照常生活，營謀正業。

事實上，僧侶大多來自兩個較高的階級。我們所知的主要都是「貴族青年」。佛陀本人即出身貴族。根據稍後的佛教經典所載，成佛之人只能生於婆羅門或貴族。因此佛教算是一種貴族式的宗教，只有某種程度的知識份子才能理解它的教義。但是宗教的啟示應傳佈於一切慕道者，並且原則上應傳佈於一切眾生；難道佛陀不曾命人以自己的語言學習教義嗎？

如此，為人性而成立，為普世而存在的宗教，第一次在歷史上出現了。階級的藩籬、國籍的限制，以及由歷史所形成的社會之種種歧異，都被一一破除。這個曾在印度由少數人獨享的祕密，現在成為傳揚普世的真理。

我們若參照比較稍後出現的世界性宗教，像斯多亞學派⑬、基督宗教⑭、伊斯蘭教⑮等，就會發現佛陀的特色在於：他不僅關懷人類，也關懷一切有生之物──天界諸神與

下界畜牲皆在內——他所尋獲的解脫之道是為了全體眾生的。

　　向眾生宣道，其實是向每一個人宣道。佛陀的發心立志

---

⑫「種姓制度」：在西元前一〇〇〇～五〇〇年，是印度文明的第二期。此時居統治地位的雅利安人根據四吠陀開創出婆羅門教（Brahmanism）。「婆羅門」以梵（Brahma）為其字根，相信宇宙本體或其原理為「梵天」。雅利安人依此教建立四個階級：（一）婆羅門：最高階級的婆羅門傳教士。（二）剎帝利：掌管軍事統治與大權的武士階級。（三）吠舍：一般平民。（四）首陀羅：被征服而成為奴隸的原住民。其中，前三階級（種姓）可以信仰婆羅門教，死後可以再生，因此又稱為再生族。而首陀羅無權信仰此教，無法再生，故名一生族。

⑬「斯多亞學派」（the Stoics）：一般譯為「斯多噶學派」，這是由英文發音所譯，並不準確。此派創始人為芝諾（Zeno of Citium，約334-262B.C.）他與弟子在「斯多亞」（Stoa）聚會講學，而斯多亞原意為「彩畫的柱廊」。此學派前後綿延五百多年，在西方有深遠的影響，至今仍有人奉行其主張：「萬物是一個龐大整體的部分，此整體以自然界為其軀體，並以神為其靈魂。」所謂「神」，是指「理性、命運、宙斯天神」的三合一。神遍在萬物之中，使宇宙形成一個命定論系統。因此，服從理性即是服從神明。此說聽來十分高貴，得到西方許多知識份子的認同。但一般不會視之為宗教教派。

與生平行誼，塑成一個典範：要與家庭、故鄉、社會的種種律法，分道揚鑣。他循循善誘，起信生智，讓每一個人都有能力作入世出世之選擇：這全看你自己的決定。佛陀毫不容情的「非此即彼」，緊緊攫住了整個的人。

但是這種解脫之道所需要的信仰，卻是一種知識。佛陀雖然貶斥傳統哲學為徒勞無益的爭辯，但他還是沿循印度哲學的原則，亦即：解脫本身即是一種知識，即是一種智慧，證得善知識即為大自在。

佛陀與人個別談話，也在弟子圈中說法。他的訓示與講述只是為真知導向，其餘則須聽者自己以行動證成。我們讀到許多記載：佛陀的話語似有神力，助人從容皈依，他的勸勉使人忽然解惑出迷，眼界一新：「真是奇妙，彷彿有人匡正那顛倒幻象，揭露那暗藏隱密，指點那迷途眾生，照亮那陰暗大地 —— 喬達摩的教義可以作種種解說，卻總是殊途同歸。」

（三）既然佛陀教義要向個別的人傳佈，也要向所有的人傳佈；既然他認定自身是照亮普世的光明，將閃耀於每一角落；因而它還有另一項新的要素：自覺的使命感。佛陀為此在創立僧侶教團之初，即同時訂下兩大戒律：一是個人修行的解脫之道，二是雲遊四方廣傳佛法之道。

⑭「基督宗教」（Christianity）：是指信仰耶穌即是救世主基督的宗教團體，其信徒皆稱為「基督徒」。但在中文譯名上須稍作分辨。耶穌及門大弟子彼得所創始的是「天主教」（Catholic），意為大公教會。時間約在西元第一世紀初期，其實西元的年代即以耶穌（4B.C.-29A.D.）的年代為界。到一〇五四年，出現大分裂，成立以君士坦丁堡為主的東正教（Orthodox），其原意為正統教，但因位處羅馬天主教的東方，故譯為東正教，信徒主要在希臘、東歐、俄羅斯等地。到了一五一七年，馬丁路德（Martin Luther, 1483-1546）發動宗教改革，於是陸續出現了各派「基督教」（Protestant）。此名原為「抗議派」，但中文譯為「基督教」或「新教」。因此，為了避免混淆，以「基督宗教」四字來譯此一信仰的三派宗教，顯然較為合適。

⑮「伊斯蘭教」（Islam）：「伊斯蘭」原意為：和平、順服；一個人順從神，和平就會降臨。此教由穆罕默德（Muhammad, 570-632）所創，他有「先知的封印」之稱，亦即此後不再有先知。他們信仰唯一真神安拉，經典為《古蘭經》。信徒稱為「穆斯林」（Muslin），用以統稱「歸順真主的人」。一般所謂「三大一神教」，即指猶太教、基督宗教與伊斯蘭教。

# 影響

　　佛教的傳揚、演變與分歧，是亞洲宗教史上重要的課題。除了在印度阿育王時代⑯曾有積極推展之外，佛教的傳佈大體上是安靜而有力的。

　　佛教經典含有一種獨特的氣氛，深深浸潤於亞洲之中，這是世界別的地區所見不到的。它帶來一種新的形上觀念及生活方式，塑成中國人與日本人的部分心態，也為西藏、西伯利亞、蒙古等地的人民引發了新的教化。

　　然而奇怪的是：佛教在它的發源地印度反而逐漸銷聲匿跡。印度人出於強勢的傳統本性，還是保留了印度教，選擇種姓制度、崇拜原有諸神、冥思整體宇宙；佛教在此無法容身。曾有數世紀之久，佛教以人類宗教的形相盛行於印度大半地區；而它在千年之後歸於沉寂時，仍以人類宗教自居。它的影響遍及亞洲各地，潛入人心深處成了解脫的象徵，但是當每一區（如在中國與日本）原有的意識形態彰顯時，它又遭到抨擊與排斥⑰。

　　在基督降生的前後幾個世紀中，佛教分為北傳與南傳兩支，大乘（就是載人渡過輪迴之水以抵達解脫之岸的大筏）與小乘（小筏）兩派⑱。小乘佛教較為清純，也較為接近起源；相較之下，大乘佛教似乎落入宗教的實際形式。但是我們應知道：今日尚存續於錫蘭與印度支那的小乘佛教並無任

何新的貢獻，它只是把傳統的資料引介到現代而已。大乘佛教則發榮滋長，不僅滿足了千萬人的宗教需求，而且還奠下基石，孕生一套新穎而高超的思辨哲學。由於小乘佛教嚴守經典之義並著重個人成全，因此可以視之為格局狹隘。大乘佛教則胸襟開闊、廣採新說，並且不僅關懷個人解脫，更要普渡眾生。小乘佛教忽略了佛陀的幾個觀念，那些觀念卻由大乘佛教繼志述事，其中最主要的是：佛教誓願拯救眾生，諸神與凡人皆在內。這個偉大悲願稍後在大乘佛教中，更得到龍樹（約西元後二百年）等人的充分闡釋及發揮⑲。

但是大乘佛教最重要的成就，在於把佛教的解脫哲學轉化成一種宗教。我們試簡單比較這種宗教與佛陀本人所創始的運動：

（一）權威與服從：僧侶制度增強了一種集團意識，使

---

⑯ 佛教在印度的全盛時期得力於阿育王（Aśoka）的支持，阿育王為孔雀王朝的第三代國王，於西元前二七三年登基。他曾舉行一千僧人的集會，整理佛教文獻《經藏》與《律藏》。

⑰ 以中國為例，佛教受迫害，有所謂「三武一宗之厄」：北魏太武帝（444-445）、北周武帝（574-577）、唐武宗（842-846）與後周世宗（955-960）。

⑱ 「大乘」與「小乘」原指交通工具之大小。但兩派佛教的修行目的不同：大乘佛教為了普渡眾生，小乘佛教則為了自我解脫。

每一個在真知中為自己尋求解脫的人都結合在一起。但不久之後，信徒竟忘記了自己的責任，轉而在實際生活上服從一種權威。他們「逃避到佛陀、教義、信眾之中。」

（二）對自己的力量喪失信心：佛陀被尊為神。根據佛陀的教誨，帶來解脫的並非祈禱、恩寵或犧牲祭獻，而是知識。

這種知識原在個人能力之內可得。只要它引發真知，秉持善行。諸神無法賜給人真知，因為連他們自身也需要真知。佛陀宣示了真知，但聽者必須自求真知。佛陀的臨終之言是「奮發努力、永不止息。」由此觀之，他的教義就是哲學；是要靠人的力量去獲取的。

一旦這種憑藉自己以求解脫的信念發生動搖，佛門弟子的想法也必然隨之更改。現在他們呼求著一位伸出援手的神。但是諸神自身亦須解脫，自顧不暇，何能助人？佛門弟子繼續尋求助力，他們不曾忘記人應藉真知而得解脫，最後找出原始的典型——佛陀本人被尊為神[20]。於是供奉諸佛的神廟大殿出現人間，雖然其中所祀者不名為神。佛陀本為宣示教義，如今成為眾神之首。信從佛陀的真知不再是哲學的信仰，而竟成為信仰佛陀。

我們從佛陀的臨終之言可知，他本人無意把他的智慧附從於他的人格。但是佛門弟子對師尊的推崇卻不能止於對人性的尊敬。早在佛教創立初期，佛陀人格的影響力就被神而化之。古籍中加於佛陀的尊稱幾乎無法勝數：無上正覺、成

道之人、德慧雙全、智照世界、無所不觀；以及征服萬有、萬世無敵、降服眾魔、神人之師、唯我獨尊、舉世無敵、人中至聖。

---

⑲ 大乘佛教的發展主要經歷了中觀派與瑜伽派兩個階段。中觀派以龍樹（約西元二至三世紀）與提婆（約西元三世紀）為代表。主張一切皆空，人們的認識內容、甚至佛法，都是相對的、互相依存的關係，本身並無不變的實體或自性。瑜伽派以彌勒（約西元四世紀）、無著與世親（約西元四至五世紀）為代表，主張外境為空，但唯識存在，要靜坐修行，只有抑制心的作用，其本性才會自動呈現。以上二派分別稱為空宗與有宗。

⑳ 佛教是「非神論」而不是「無神論」。在許多佛教信徒心中，佛無異於神，但又不是一般意義的神（如印度教、基督宗教中的超然獨立的神）。由於相信人人皆可成佛，所以成佛的可能性在於人人身上，而不必執著於某一特定的佛。這種觀念可稱為「非佛」，而不可稱為「無佛」。這裡也涉及「自力」與「他力」問題。在佛經中，強調一切萬法皆有自力、他力、自攝、他攝。自力是主張人人自身具備佛性，自攝是憑藉自力而攝取念佛利益，禪宗側重此說。他力是依靠不可思議的佛力或法力，他攝是憑藉他力（如佛、菩薩的神通法力）而攝取法益，成就行法，證得佛果，淨土宗側重此說。因此，我們不宜以「自力」與「他力」來區分佛教與別的一神論宗教。

佛陀圓寂不久，就成為崇拜的對象。他在生前所經之處，寺廟先後建立。西元第三世紀時，他已被信奉為神明化身（有如毘瑟笯宗教中阿伐達的轉世㉑），為了拯救眾生而來到人間。每一世間佛皆有一出世佛與之相伴，這出世佛可在禪定中觀照，名為自在佛。喬達摩的自在佛就是阿彌陀佛，他是西方極樂淨土的主宰，接待信徒死後之往生。信徒在那兒重生於蓮花中，莊嚴殊勝，天樂自鳴，直到最後登上涅槃聖境。這些出世諸佛神智通達，啟悟信徒，俯允祈請。他們所居淨土，上臨涅槃聖境，下接塵俗凡界。

佛陀的傳聞愈演愈盛，終至涵蓋了宇宙大千世界的三世諸佛與六道輪迴。其角色包括諸神、通人、伏魔者與解悟者。

（三）佛教在輾轉演變為亞洲的人類宗教之過程中，不斷摻入各民族的文化背景，吸收融會其宗教傳統的古老題旨。這種吸收融會得以完成，應歸功於佛陀的世界觀。他能以徹底自由來擺脫世界的束縛，因而也能以徹底容忍來寬待世界的煩惱。一切世俗念慮盡皆出自無明；這是首先必須揭穿的幻象與遮幕。只要能勘破世界的虛妄，止觀攝一切法，就能予以超越。因此，佛教無所排拒，對任何宗教、哲學、生活方式皆能調適整合。任何觀念、靈修、信仰，甚至最原始的宗教義蘊，都可以做為替航、做為跳板，它們本身都是不可或缺的，但終究不是最後目標。

佛陀的沉默所引發的後果，不僅是亞洲人內心生活之偏

重沉默，也造成各種宗教意象的大融合。在實際修行上，生命本身成為應被超越之物。外來宗教的形式先是成為佛教思維的裝襯，隨後竟成為佛教思維本身。西藏佛教就是一個明顯的例子：甚至連古老的魔法咒語也變成佛教法門，僧侶教團變成充滿世俗規範的教會組織（其中有許多相似天主教之處，令許多基督徒在驚訝之餘，難免斥之為邪魔外道，附會曲解）。

（四）人的角色：經過以上種種變遷發展，人的角色在信徒眼中也大異於往昔。人類與眾生都有希望成為菩薩或未來諸佛。若菩薩不往住涅槃，那只是因為他願意再生為佛陀，以拯救他人。任何人都可以嚮往這一目標，並且他在成道途中也能因祈求菩薩保佑而得助益。

在信徒心目中，厭棄生命正是擺脫存在局限的象徵。漠然處世，應超乎憤世或戀世之上。

在佛陀看來，人間唯一善行就是藉著毫無求取、毫無沾滯、毫無抗拒，而得到解脫。因此，參贊世界之化育，遂成為無意義之舉。別管世界如何，隨它自去。佛陀穿越此世，而無改造意念。他教人擺脫世界，而非改變世界。「就像可

---

㉑ 毘瑟笯（Vishnu）、濕婆（Siva）與梵天（Brahma）三神為「三位一體」。一般而言，梵天為創造之神，毘瑟笯為救贖之神，濕婆為毀滅與再生之神。其中毘瑟笯在救世時有十個主要的化身，佛陀即為其中之一。

愛的白蓮花出汙泥而不染，我也不受俗世沾染。」

可是，畢竟佛門弟子還是活在世間，他們要想冷靜地擺脫塵世，只有兩種可能方式：出家為僧侶，就要遁入無動於衷、忍受辛苦、恍如長眠；在俗為信徒，就要營謀世務而不牽絆其中。他們可以積極入世，又能「毫無沾滯」而契入了涅槃。戰士（如日本武士）、藝術家、所有凡人，都能生活於莊嚴的靜穆中，一如佛門弟子。他們有為似無為。他們存在似不在。生死皆不能驚擾他們。他們淡然處之，若無其事。

（五）原初的哲學還剩下什麼？我們今日透過無數藝術傑作與文學典籍所見的佛教，已經是廟宇堂皇美不勝收了，但這些正好橫亙於信徒與涅槃之間。我們要問：這一切與佛陀有何關係？答覆是：儘管有這種種諸神世界、祭禮獻儀、制度宗派、僧侶教團，而佛教原初的哲學遺跡仍然可以辨認出來；最初體現在佛陀身上的精神光明，仍然映現在後期佛教的賢者身上。在各種佛教中，仍可見到佛陀的表率：他那神奇的自我棄絕，讓生命自力渡入永恆。佛陀的慈恩仍然普照眾生，分擔其苦樂，平息其怨憎。人間各地亂離頻仍，亞洲也不例外，但是佛教所傳之處，人心總有祥和的悲願。就吾人所知，佛教這種世界性的宗教是沒有暴力脅迫、沒有殘害異端、沒有信仰法庭、沒有巫術公審、沒有宗教戰爭的。

佛教自草創以來，從不知有哲學與神學之分界，自由理性與宗教權威之鴻溝。這兩種對立的問題也從未出現過。哲

學本身就是宗教活動。這一基本原則傳承至今，毫無改變：
知識本身就是解脫與得救。

# 佛陀與佛教對我們有何意義？

　　首先我們不應忘記，佛陀與佛教都與我們（西方人）相去甚遠。在佛陀看來，真知需要修習禪定，並度一種出世漠然的生活。但真知無法用科學去實驗，無法由訓練一些瑜伽術就能知道自己的進境。它也不能引發一種漠然處世的態度或使我們投身默觀沉思之中。除非是那些經年累月勤修禪定、信念真確、言行得當而又深知自己進展的人，否則都只能藉理性思考去認識其表相。西方人對於佛陀與佛教的緣起初型毫無接觸，因此了解必然有限。首先我們必須承認佛教與我們相距太遠，所以沒有任何捷徑可以直接企及。若想深入領悟佛陀教義的本質，就須放下我們原有的自我。這兩者之間的差異並非思想立場的不同，而是全盤人生觀點與思維方式的不同。

　　然而，佛教雖然遙不可及，卻也不至於使我們忘記我們都是人，都面對著同樣的人生問題。佛陀與佛教找到了一種解脫大法並付諸實踐。我們的任務只是要設法認識它，並儘可能了解它。

　　問題在於：有關我們自身不是什麼，以及我們自身不做什麼這兩個問題，究竟我們能理解到何種程度？我相信這種理解是可能的，只要我們平心靜氣，撇開自以為是的解說。在理解之時，我們應使內心深鎖的種種潛能甦醒活躍，同時

還要避免把自己的歷史背景視為絕對真理。依我之見，佛教經典所載的一切，都可以宣說於正常的清醒意識之前，因而大體上也可以讓理性思考去了解。

佛陀的一生行誼以及佛教徒在亞洲各地沿傳至今的生活方式，都是偉大而重要的事實。它指向人類問題重重的本質。人並不是完全聽任命運擺布的；他是開放的，他有無窮的可能性。對他而言，不是只有「一種」正確的選擇途徑。

在佛陀所展示的人性中，看不到對世界有任何義務感，反而要由世間脫離出去。它既不爭鬥，也不抗拒。由於覺悟此身出自無明，他只要求寂滅；但是他並未一心尋求死亡，因為他發現了超越生死的永恆居所。

我們在耶穌身上似乎看到類似的情形，他也是靜穆莊嚴的，他對世界也有神祕的自由解脫力量，他對邪惡凶暴也採取不抵抗態度。但是在西方，這一切只是人生的起點，是積極入世的動因；而在亞洲，它卻是一種成全，因而表現出截然不同的生命情調。

# 3

# 孔子
Konfuzius

**原始文獻：**中國的經典，特別是《論語》。此外尚有司馬遷（衛禮賢〔Wilhelm〕的譯本，收入其《孔子》〔*Konfuzius*〕）。譯本有衛禮賢、哈斯（Haas）的翻譯。

**參考資料：**衛禮賢、克柔（Crow）、施徒貝（Stube）、賈勃稜茨（von der Gabelentz）、傅朗克（O. Franke）。

　　要想穿透傳統之層層染墨，對歷史上的孔子作一可靠的描繪，似乎是不可能的事。孔子本人曾經記述史實與自家思想，但是現存資料並無可以證實為孔子所著者。漢學家對於重大的事實問題仍有極深的歧見。例如傅朗克（Franke）相信孔子不曾讀過《易經》，而傳統卻以《易經》為孔子晚年的研究題材。又如佛而克（Forke）主張老子的年代遠在孔子之後，而傳統卻以老子為孔子所尊敬的師長。這些說法的雙方都可以找到許多證據。就目前研究所需來看，儘管一些細節仍然存疑，我們基於各種源於孔子的豐富典籍，還是可以織成一幅歷史上的孔子圖像。這些典籍使我們辨認一位具有統一人格的孔子；這樣的孔子與後代中國人所描繪的圖像，在許多方面都是不同的。司馬遷在西元前一世紀所寫的〈孔子世家〉以及更早就存在的《論語》，都提供了無法捏造的重要素材。我們也將參考孔子生活與思想的文化背景，以及敵對學派對他的看法。

# 生平（約西元前551～479年）

　　孔子生於魯國，亦卒於魯國。三歲喪父，由母親撫養成人，家境清苦。幼時喜歡編排俎豆祭儀，模仿各種禮節。十九歲娶妻成家，育有一子二女。他與家人的關係並不特別親密。他身材高大，體力強健。

　　孔子十九歲時受雇於一貴族之家，管理園地與牲畜①。三十二歲時受聘教導貴族子弟古禮②。年三十三，赴京都洛陽，學習周王朝之禮俗與傳統，彼時周王朝已分崩離析，為諸侯爭霸的局面，而其京都名存實亡，只剩下做為宗教中心而已。所謂孔子問禮於老子，即在此時。年三十四，魯君（昭公）為本國強權所迫出奔鄰國（齊國），孔子隨之前往，由此得聆音樂，學習演奏，沉醉其中，忘了飲食③。返魯之後十五年間，專心治學。

　　孔子年五十一，重返政壇，為魯大司寇；年五十六，進而攝行相事。魯君（定公）得孔子之助，權勢漸張。他平服

---

① 《孟子·萬章下》提及，孔子年輕時曾在魯國大夫季氏之家做過委吏（管理倉庫）與乘田（管理牲畜）。
② 魯國大夫孟僖子身為貴族而未能通禮，在臨終前命其子孟懿子與南宮敬叔向孔子學禮。孔子時年三十幾歲，自此開始教學生涯。

本國貴族，攻毀各城的防禦武力。魯國國威漸盛。齊國聞之懼，乃選美女能歌能舞者八十人以及文馬三十駟送與魯君。魯君自此怠於政事，不與孔子謀。孔子為官四載，成就輝煌，至此放棄高位，去國離家，但仍徐徐而行，且行且止，期待魯君回心轉意，重新需要他的襄政。

孔子周遊列國約計十二年，自五十六歲到六十八歲④。他希望自己的政治理想能在某一國家獲得實行。他對自己的主政能力從未失去信心，只是間或發出嘆語：「回家鄉去吧！回家鄉去吧！」〔歸與！歸與！〕（〈公冶長〉，本文以下引用《論語》，皆直接寫其篇名。並且，為閱讀方便，皆直接寫出白話譯文，再以〔〕記號附上原文。）最後在六十八歲時回到了魯國。總共周遊九國而未得行道，孔子不免深感時不我予！

孔子晚年居魯，不曾復出從政。他的內心似曾經過深刻轉變。某次，隱者說他是「知道行不通還一定要去做的人！」〔知其不可而為之者與！〕（〈憲問〉）⑤這正是孔子的偉大之處。現在他年老體衰，不再求用；但是轉而研究《易經》，抉隱發微，刪詩書、訂禮樂，保存傳統，並且教授生徒，有教無類。

某日清晨，孔子感覺死亡臨近，乃負杖逍遙於門，歌曰：「泰山要崩塌了！棟樑要折斷了！哲人要消逝了！」〔太山壞乎！梁柱摧乎！哲人萎乎！〕弟子子貢與之言，孔子又說：「天下不上軌道很久了，沒有人追隨我的理想，我

的生命快結束了。」〔天下無道久矣，莫能宗予，予已矣
夫。〕（《史記‧孔子世家》）八日之後辭世。享年七十有
三。

---

③ 《論語‧述而》記載：子在齊聞《韶》，三月不知肉味，
　曰：「不圖為樂之至於斯也。」這裡描寫孔子聆聽
　《韶》樂之後，有一段相當長的時間食肉而不知其味。
　《史記‧孔子世家》則說孔子「聞韶音學之，三月不知肉
　味」。皆非本書作者所說的「忘了飲食」。本書作者為
　德國哲學家，他經由西方漢學家的介紹而認識孔子，因
　此部分資料未必正確。但他對孔子思想的剖析與介紹仍
　有許多「旁觀者清」而值得我們學習之處。我在翻譯時
　努力忠於原文，但以譯注稍作澄清。
④ 孔子周遊列國歷時多少年？司馬遷《史記‧孔子世家》
　說：「孔子之去魯，凡十四歲，而反乎魯。」所指為五
　十五歲到六十八歲之間，前後皆算在內，故為十四年。
⑤ 這句話是守門者對子路所說的，並非隱者所言。另外，
　後續各段直接將《論語》篇名附在引文之後，這也是原
　作者所未附注的。

# 基本觀念：承先啟後

在帝國趨於崩潰，天下陷入紛亂的時代裡，許多哲人智士奔走呼號、拯救危亡。他們所提出的解決之道無不奠基於知識，孔子則明確以古代知識為其依據。他的根本問題是：何謂舊傳統？如何使它成為我們自己的傳統？如何使它體現於今日？

這種對待傳統的方式，本身即是富於創意的。今日的反省可以使過去的史跡得到轉化。把傳統轉譯為明確的原理，可以引發一套今古合一的新哲學。哲學家不必標新立異。猶太教宣揚上帝的啟示，孔子則宣揚古代的心聲。哲學家若遵從傳統，就不必將學說的種種要求建立在自身渺小的自我上。他有更多機會得到那些依附傳統的人信賴與追隨。純粹憑著自己的理性去作獨立思考是無益的：「我曾經整天不吃，整晚不睡，全部時間用於思考，可是沒有什麼益處，還不如去學習啊。」〔吾嘗終日不食，終夜不寢，以思；無益，不如學也。〕（〈衛靈公〉）但是學與思必須同時並進，互相需要。「學習而不思考，則將毫無領悟；思考而不學習，就會陷於迷惑。」〔學而不思則罔，思而不學則殆。〕（〈為政〉）

孔子自謂「傳述而不創作，對古代文化既相信又愛好。」〔述而不作，信而好古。〕（〈述而〉）人的存在必

須在歷史中尋找其實體與根源。他對歷史的見解，是並不著重那些發明舟車耕耨等器具的人。真正的歷史始於建立社會、國家、禮儀與習俗的先王。理想的先王是堯、舜、禹：他們秉持上天所啟示的永恆原型⑥。孔子對他們推崇備至：「只有天是最偉大的，只有堯是效法天的。」〔唯天為大，唯堯則之。〕（〈泰伯〉）這些聖王選擇最賢能的人繼承王位。到了夏代，傳子不傳賢，才開了惡例，產生許多爭端。君王的道德難免趨於隳敗，最後在暴君手上斷滅了帝國；這是符合天命的意願，就是經由革命再委任一位真正的君王。商湯繼夏而起。但是由於王位世襲相傳，同樣的情形再度發生。到了西元前第十二世紀，商朝終於被周朝推翻。周朝重新建立了古老的中國世界。時至孔子，周朝又漸趨式微，分崩離析，諸侯爭強。孔子希望再一次復振國家。

孔子的歷史觀是「批判的」；他在檢討史跡時，明是非、辨善惡；他選擇那些足資表率或可供警惕的事實加以評述，傳諸後世。此外，他也知道，要想恢復古代的善政，不能光去追尋外在的認同。「活在今天的社會卻要回復古代的法則，像這樣的人，災禍一定會降到他身上。」〔生乎今之世，反古之道，如此者，烖及其身也。〕（《中庸》第廿八

---

⑥此一永恆原型即是《尚書·洪範》在「皇極」一段所說的：君王要體現大中，亦即絕對正義，同時還須以「天子」身分「作民父母」。

章）他所宣教的，並非模仿古代，而是再度實踐「永恆的理想」。他研究古代，只是因為永恆的觀念在古代明顯可辨。孔子面臨了黑暗時代，矢志要使這些永恆觀念重新展示光輝。他要由自己身體力行著手。

相信永恆的終極真理，將使我們接續傳統，發展新的行動。這不僅不是守舊，反而正是創新。孔子對於「權威」問題提出新的看法，他不再以權威為充滿暴力的壟斷機構。這是歷史上第一次有一位偉大哲學家指出：在永恆真理的基源上，新事物與傳統並行不悖，進而成為吾人存在之實體。人生之道在於保守的生命形態，但是開放的自由心靈進一步使其成為健動不已的發展歷程。

假如真理曾在過去顯示，我們可以探討過去，發現真理；但是進行探討之前，首先我們必須分辨真偽。分辨之道在於學習；學習不僅意在求得一些訊息，更要親身體驗之。真正的「學習」，要靠書本與講授。孔子從古代典籍、詩歌、文獻、禮儀等選取材料，編成書本，讓學生透過這些書本理解真理並習得實用技能。孔子為學校教育奠下基石，他在私人講授中努力教育學生成為未來的政治家。

在孔子看來，教與學的「方式」是根本問題。

以學習來說。學生如果沒有配合道德修養，是無法受教的。學生應該孝順父母、友愛兄弟、說話誠實、做事認真。如果言行不當，則無法達成學習的效果。一個來傳信的少年坐在大人的位子上，孔子說他「不是一個想求上進的人，而

是一個想走捷徑的人。」〔非求益者也，欲速成者也〕（〈憲問〉）在要求道德修養的同時，學生應該學會禮、樂、射、御、書、數等六藝。以此為基礎，再研習有關文獻方面的知識。

學習並非易事，必須持之以恆，同時要由此找到有益的朋友。孔子說：「可以一起學習的人，未必可以一起走上人生正途；可以一起走上人生正途的人，未必可以一起立身處世；可以一起立身處世的人，未必可以一起權衡是非。」〔可與共學，未可與適道；可與適道，未可與立；可與立，未可與權。〕（〈子罕〉）至於學習的態度，孔子認為「學習要像趕不上什麼一樣急切，趕上了還擔心會失去。」〔學如不及，猶恐失之。〕（〈泰伯〉）有一位弟子（冉有）認為自己力量不夠，孔子說：「力量不夠的人，走到半路才會放棄。現在你卻是畫地自限。」〔力不足者，中道而廢。今女畫。〕（〈雍也〉）一旦犯錯，立即改正，「有了過錯卻不改正，那才叫做過錯啊！」〔過而不改，是謂過矣！〕（〈衛靈公〉）孔子稱讚他的心愛弟子（顏淵）說：「從不重犯同樣的過錯。」〔不貳過〕（〈雍也〉）

孔子在教學時採取什麼方法呢？他說：「不到他努力想懂而懂不了，我不去開導；不到他努力想說而說不出，我不去引發。告訴他一個角落是如此，他不能隨之聯想到另外三個角落也是如此，我就不再多說了。」〔不憤不啟，不悱不發，舉一隅不以三隅反，則不復也。〕（〈述而〉）但是考

核的方式並不在於當下的回答。孔子說：「我整天與顏回談話，他都沒有任何質疑，好像是個愚笨的人。離開教室以後，留意他私下的言語行為，卻也能夠發揮不少心得。顏回並不愚笨啊。」〔吾與回言終日，不違如愚。退而省其私，亦足以發。回也不愚！〕（〈為政〉）孔子不會過度稱讚自己的弟子，他說：「如果是我稱讚的，一定經過了某些檢驗。」〔如有所譽者，其有所試矣！〕（〈衛靈公〉）

　　孔子也敘述自己的治學經驗。他說：「我不是生來就有知識的，我是愛好古代文化，再勤奮敏捷地學習以獲取知識的。」〔我非生而知之者，好古，敏以求之者也。〕（〈述而〉）他留意四周的人，「看見德行卓越的人，就要想怎麼努力像他一樣；看見德行有虧的人，就要反省自己是否也犯同樣的毛病。」〔見賢思齊焉，見不賢而內自省也。〕（〈里仁〉）孔子的知識不是與生俱來的，他說：「多聽，選擇其中正確的部分來接受；多看，把好的記在心裡。這種知識是僅次於生而知之的。」〔多聞，擇其善者而從之；多見而識之，知之次也。〕（〈述而〉）隨著年齡增加，孔子一直在進步中，他說：「我十五歲時，立志於學習；三十歲時，可以立身處世；四十歲時，可以免於迷惑；五十歲時，可以領悟天命；六十歲時，可以順從天命；七十歲時，可以隨心所欲都不越出規矩。」〔吾十有五而志於學，三十而立，四十而不惑，五十而知天命，六十而（耳）順，七十而從心所欲不踰矩。〕（〈為政〉）⑦

# 好知不好學其蔽也蕩

　　學習的目的是「實際運用」。「熟讀《詩》三百篇，給他政治任務，不能順利完成；派他出使外國，不能獨當一面；這樣書讀再多，又有什麼用處呢？」〔誦詩三百，授之以政，不達，使於四方，不能專對，雖多，亦奚以為？〕（〈子路〉）

　　假使不學，則其他德行就像為霧所蒙，易生混淆與弊端。「愛好行仁而不愛好學習，那種流弊就是愚昧上當；愛好明智而不愛好學習，那種流弊就是游談無根；愛好誠實而不愛好學習，那種流弊就是傷害自己；愛好直率而不愛好學習，那種流弊就是尖酸刻薄；愛好勇敢而不愛好學習，那種流弊就是胡作非為；愛好剛強而不愛好學習，那種流弊就是狂妄自大。」〔好仁不好學，其蔽也愚；好知不好學，其蔽也蕩；好信不好學，其蔽也賊；好直不好學，其蔽也絞；好勇不好學，其蔽也亂；好剛不好學，其蔽也狂。〕（〈陽貨〉）

　　現在我們再看，孔子哲學中如何在舊有形式下表達新見解。首先，我們要討論道德的與政治的規範，亦即匯聚為「君子」這一理想人格的條件；其次，要看構成根本智慧的

---

⑦有關孔子「六十而耳順」中的「耳」字，至今仍有爭議。譯者認為，此一「耳」字為衍文，其意為「六十而順」，所順者為天命。詳細論述請參考譯者之《論語解讀》（台北，立緒版）。

觀念是些什麼；最後，我們要研究孔子思想中的一項不確定因素如何產生，亦即「限制」——如教育、溝通與知識上的限制——如何進入孔子的觀念中；孔子對於造成自己失敗以及支撐他全部事業並使之受到質疑的根本因素，是深有體認的；這項因素值得我們研究。

# 道德上及政治上的規範

禮與樂是根本的規範。要點是型塑人的本性，而不是壓制或改造。規範就在人際關係與政治措施中逐漸形成；它明白展示於「君子」這一理想人格中。

（一）禮：國家的秩序要靠禮來維持。治國須以禮。禮可以創造國家的整體精神，並使百姓依之而生。只有靠著群體的共有品德，一個個體才能成就為人。禮對一切人而言，即是永不休止的教育。在禮的形式下，產生各種領域的正確心態，如：熱忱、忠信與尊敬。人由教育習知禮的普遍意義，由此塑成他的第二天性；個人於是在自身的體驗中，發現普遍的禮並非外在的拘束，而是出於內在自我。禮的形式帶給人穩定、信念與自由。

孔子所研習的禮是一個整體；他觀察、收集、條列與安排這些形式。他的眼光涵蓋了中國禮俗的整個世界：像正確的行路、問安與群居方式，總須配合個別情況；舉行祭禮與遵守假日的方式：生、死、婚、喪的儀式；處理政事的規則；有關工作、戰爭、家庭、巫祝、朝廷的各種禮俗；日月與季節的次序，以及人生各個階段的安排等。

在孔子看來，禮並無絕對不可改變的一面。「啟發上進的意志，要靠讀《詩》；具備處世的條件，要靠學禮；達成教化的目標，要靠習樂。」〔興於詩，立於禮，成於樂。〕

（〈泰伯〉）光靠形式，就像光靠知識一樣，是毫無價值的。重要的是禮的原始創意以及協和相應的人性。「一個人沒有真誠的心意，能用禮做什麼呢？」〔人而不仁，如禮何？〕（〈八佾〉）

「克己復禮」才能成就一個人⑧。「義」是基本品德，但是君子行義須以禮為引導。禮與人的原始本性必須保持平衡關係。「質樸多於文飾，就會顯得粗野；文飾多於質樸，就會流於虛浮。」〔質勝文則野，文勝質則史〕（〈雍也〉）。在實行禮儀時，應該著重「自發與簡易」，但是自發的表現必須依循「既定規則的程序」。子貢曾想廢棄「告朔之禮所供的活羊」〔告朔之餼羊〕，子曰：「賜呀，你捨不得那隻羊，我捨不得那種禮。」〔賜也，爾愛其羊，我愛其禮〕（〈八佾〉）。

孔子並未明確分辨禮俗、道德與正義，他所掌握的是這些品目的共同根源。他也不曾區分道德要求與無關乎責任的審美感受，亦即不曾區分善與美。美之為美，必須兼含善；善之為善，也必須兼含美。

（二）樂：孔子往往並稱禮樂，且以樂為教育之一項主要因素。樂能感化人心，形成某一群體的精神；個人在音樂中發覺組合生命的重要韻律。政府亦須對音樂有所鼓勵與有所禁止。「音樂就採用《韶》與《武》。排除鄭國的樂曲，遠離阿諛的小人。鄭國的樂曲是靡靡之音，阿諛的小人會帶來危險。」〔樂則韶舞；放鄭聲，遠佞人。鄭聲淫，佞人

殆。〕（〈衛靈公〉）

（三）自然與型塑：凡是自然之事，孔子無不贊同。他認清每一事之秩序、度量、地位，從不妄加否定。他主張自我約束，但並非苦修禁欲。自然需要型塑，暴力只能帶來傷害。甚至憎惡與憤怒也有適宜的位置。仁者能以恰當方式關愛人與憎惡人。例如：「厭惡在下位而毀謗長官的人，厭惡勇敢而不守禮儀的人，厭惡一意孤行卻到處行不通的人。」〔惡居下而訕上者，惡勇而無禮者，惡果敢而窒者。〕（〈陽貨〉）

（四）人際往來：人際往來是孔子學說中的實踐部分。君子從不疏忽他的鄰人。由於人世善惡混雜，孔子主張「毋

---

⑧「克己復禮」一般譯為：克制自己並以禮來加以規範。本書作者亦依此來理解。但這種譯法是不對的。此語出自《論語·顏淵》，是孔子回答顏淵問仁時所說的話。孔子的回答是：「克己復禮為仁。一日克己復禮，天下歸仁焉。為仁由己，而由人乎哉？」整段話的意思很清楚：前面的「克己復禮」是說「能夠自己作主去實踐禮的要求」，就是人生正途；後面的「為仁由己」是說「走上人生正途是完全靠自己的」。如此，前後相應，可知孔子所說的是「化被動為主動」，使人格得以挺立。如果一定要把「克己」譯為「克制自己」，則問題是：顏淵是孔門弟子中最沒有自私欲望的，孔子又怎能說是「因材施教」呢？

友不如己者」，但同時應該「尊敬才德卓越的人，也接納一般大眾。」〔嘉善而矜不能〕（〈子張〉）。君子「稱讚行善的人，也同情未能行善的人。」〔尊賢而容眾〕（〈子張〉）；他在與人交往時充滿智慧，「你可以欺騙他井裡有仁可取，卻不能誣賴他分辨不了道理。」〔可欺也，不可罔也〕。君子「幫助別人完成善行，不幫助別人完成惡行。小人正好相反。」〔君子成人之美，不成人之惡，小人反是。〕（〈顏淵〉）因此，群居一處的人發展出共同的風尚。「居住在民風淳厚的地方是最理想的。一個人不選擇民風淳厚的地方做為自己的居處，怎麼算得上明智呢？」〔里仁為美，擇不處仁，焉得知？〕（〈里仁〉）

人際關係取決於以下幾種基本態度。對不同年齡的人：「使老年人都得到安養，使朋友們都互相信賴，使青少年都得到照顧。」〔老者安之，朋友信之，少者懷之。〕（〈公冶長〉）對父母的正確作法：「父母活著的時候，依禮的規定來侍奉他們；父母過世後，依禮的規定來安葬他們，依禮的規定來祭祀他們。」〔生，事之以禮；死，葬之以禮，祭之以禮。〕（〈為政〉）光是奉養父母並不足夠，還須出以敬愛之心，否則何異於對待禽獸（〈為政〉）⑨；父母若有錯誤，子女可以進諫，但須敬慎為之，並且服從如故；子女還須為父親的過錯隱誨不言。對朋友：不如自己的朋友不必論交；友誼應該以忠信為基礎；朋友之間應該互相勸誡、彼此以善道勉勵；朋友是可以信賴的：「歲寒然後知松柏之後

凋也。」（〈子罕〉）對權威：良臣以正道事君，無法行其志則辭官不居；他絕不私下奉承君主而又公開反對他的政策，絕不吝於提供忠告：「國家上軌道，應該說話正直，行為正直；國家不上軌道，應該行為正直，說話委婉。」〔邦有道，危言危行；邦無道，危行言孫。〕（〈憲問〉）對屬下：君子絕不任意役使屬下，讓他們沒有理由抱怨，也不作求全的責備；他重視每個屬下的能力，若無重大理由絕不遣散年老忠誠的僕人。

---

⑨ 這句話出自《論語·為政》：子游問孝。子曰：「今之孝者，是謂能養。至於犬馬，皆能有養。不敬，何以別乎？」孔子的回答是說：現在所謂的孝，是指能夠侍奉父母。就連狗與馬，也都能服侍人。如果少了尊敬，又要怎樣分辨這兩者呢？在此，孔子是以「犬馬服侍人」比擬「子女服侍父母」；犬馬不會尊敬人，所以子女服侍父母而不尊敬父母，這種子女就無異於犬馬了。但是許多學者（如朱熹的《四書集注》）卻把「人養犬馬」比喻為「子女養其父母」。這種比喻本身即不孝之至，又何從談論「敬」字？外國學者如本書作者有所誤解，尚屬情有可原；我們自己國人卻至今誤解的仍多，殊為可惜。本文所有關於《論語》引文的語譯，皆請參看傅佩榮的《論語解讀》（立緒版）與《人能弘道──傅佩榮談論語》（天下文化版）。《中庸》譯文請參看傅佩榮的《大學中庸解讀》（立緒版）與《止於至善──傅佩榮談大學中庸》（天下文化版）。

孔子對於婦女的態度是令人驚訝的。他不曾談論婚姻生活，提及婦女時並無特別敬意；他在聽說一對戀人自殺時只表現輕視的態度⑩；他還不時表示，沒有比應付婦女更困難的事了⑪。當時的文化氛圍顯然是以男性為中心的。

（五）政府：政府是人們生活的中心，其他一切考慮都源出於此。孔子看出哪些事應該強行制訂，哪些事應該順其自然。優良的政府必須以健康的社會處境為條件，後者又由禮、樂，與正當的人際往來所形成。這樣的處境必須順其自然發展，不能強行制訂；但是政府仍可促成或阻礙這種發展。

法律是統治的工具之一，但是成效頗為有限。而且就其內在用意看來，往往弊多於利。德治重於法治。若是導之以政、齊之以刑，則民免而無恥（〈為政〉）。訴訟之起，皆由於某些事物出離常軌。「審判訴訟案件，我與別人差不多。如果一定要有所不同，我希望使訴訟案件完全消失。」〔聽訟，吾猶人也；必也，使無訟乎。〕（〈顏淵〉）

優良政府必須關懷三件事：足食、足兵、民信。這三者若是必須去其一，則首先去兵，然後去食，「自古皆有死」；至於民信絕不可去，「自古以來，人總難免一死，但是百姓若不信賴政府，國家就無法存在了。」〔民無信不立。〕（〈顏淵〉）但是在設計政策時，政府不能由要求民信開始。人民的信心只能在自發狀態下成長，不能強行要求。一切政策，須以「富民」為首務，然後「教民」⑫。

⑩ 這句話是本書作者有關孔子說法的最大誤解。我遍查《論語》原文，發現只有一處是可能被誤解的地方，就是《論語·憲問》子貢批評管仲，質疑他不算行仁者；但孔子回答說：「管仲相桓公，霸諸侯，一匡天下，民到於今受其賜。微管仲，吾其被髮左衽矣。豈若匹夫匹婦之為諒也，自經於溝瀆而莫之知也。」引文最後一句即是誤會來源。孔子說的是「他（管仲）難道應該像堅守小信的平凡男女一樣，在山溝中自殺，死了也沒有人知道嗎？」在此，「匹夫匹婦」云云竟被理解為「一對戀人自殺」。

⑪ 這句話的出處應是《論語·陽貨》子曰：「唯女子與小人為難養也，近之則不孫，遠之則怨。」意為：「只有女子與小人是難以共處的；與他們親近，他們就無禮；對他們疏遠，他們就抱怨。」孔子這麼說，是反映古代社會的客觀情況，因為古代女子沒有受教育的機會，在經濟上不能獨立，所以心胸與視野受到很大的限制。至於小人，是指無志向的男子，只看到利益而不明道義。孔子如果生於今日，將只會說「唯小人為難養也」，但此時「小人」則兼指無志向的男女而言。

⑫ 此語出自《論語·子路》，冉有請教孔子，在人口眾多之後，該做什麼？孔子說：「富之」；繼續還應做什麼？孔子說：「教之」。這是邏輯上的順序而不是指時間先後而言。因為，若要「先富後教」，則窮人永遠無法受教，而「富」的標準又是什麼？因此，所謂邏輯順序是指：以教育百姓為「目的」，如此才可「理解」為何希望人口眾多與大家發財。

善政需要良君。良君開發自然資源、製造財富；謹慎選擇人民應行之務，使民無怨言。他優越而不傲慢；不論與多少人，與任何身分的人交往，他都一視同仁。他不以任何威嚇之力來贏得人們的尊敬。就像北極星一樣，他安居其位，萬事依序繞之而行⑬。他渴求善行，人民因而漸趨於善。上好善，則民易使也；「其身正，不令而行。」（〈子路〉）

良君知道如何選擇合宜的官吏。凡是認識善並渴求善的人，不可能任用惡人治國。

孔子對於為政提出許多格言，這些格言皆具有普遍的道德性質。例如：「欲速則不達，見小利則大事不成。」（〈子路〉）他說這些話時，心中所想的是一位深獲君王信任的政治家。偉大的政治家以恢復與提振道德上及政治上的教育成效為職志。

孔子這種理想放在歷史現實來看，必須依從兩項原則：（一）賢能之士應該居於適當地位。光有權位而缺乏決心毅力，以及光有決心毅力而缺乏權位，都不足以從事文化上的革新。（二）政治處境必須容許有效的革新運動。若人民的心態尚未抵達求新求變的地步，賢能之士只好隱忍一時，待機而動。他絕不與惡人妥協，絕不與小人打交道。這些原則與柏拉圖的信念相近；柏拉圖堅信：除非哲學家做了皇帝或者皇帝成為哲學家，否則人類的處境無法獲得改善。孔子一生找尋一位明君，希望得君行道，但終究還是失敗了。

（六）君子：真、善、美會合於「君子」這一理想人格

身上。君子不僅出身與秉賦高貴，而且文質彬彬，智如聖人。

　　君子並非聖人。聖人天生而成⑭，君子則由後天修行而成。「真誠是天的運作模式；讓自己真誠，是人的正確途

---

⑬ 此語出自《論語·為政》。子曰：「為政以德，譬如北辰，居其所而眾星共之。」意即：以德行來治理國家，就像北極星一樣，安坐在它的位置上，其他星辰環繞著它而展布。這代表儒家的「德治」理想。孔子依此推出「無為而治」的觀念，他說：「無為而治者，其舜也與！夫何為哉？恭己正南面而已矣。」（《論語·衛靈公》）舜只要以端莊恭敬的態度坐在王位上罷了。像德治與無為而治的觀念，皆建立在一種人性論上，亦即「人性向善」，所以君王為善，百姓自然也自動歸向於他。孟子後來以「泉之始達」、「火之始燃」、「水之就下」、「獸之走壙」等比喻來描寫人性這種動態的向善力量。此為儒家本意，值得認真存思。

⑭ 所謂「聖人天生而成」，並非孔孟思想，而是宋明儒家的觀點。在孔子心中，「聖人」主要是指「古代聖王」，以其德行與地位來造福天下百姓。在孟子看來，聖人有四種類型：「聖之清者、聖之和者、聖之任者、聖之時者」，無不需要長期修行才可成功。孔子說過：「聖人，吾不得而見之矣；得見君子者斯可矣！」（《論語·述而》）由這句話可知，君子必須修養自己，其目標是成為聖人；兩者之間並無天生與後天修行之區別。

徑。所謂真誠，就是沒有努力就做成善行，沒有思考就領悟善理。」〔誠者天之道，誠之者人之道。誠者不勉而中，不思而得。〕（《中庸》第廿章）誠之者就要「擇善而固執之」了。他要探求、質疑、沉思、辨明真理，然後堅毅實行之。「人一能之，己百之；人十能之，己千之；果能此道矣，雖愚必明，雖柔必強。」（《中庸》第廿章）

孔子描述君子的性格、思維與行事。君子與小人對反；君子關心義，小人關心利。君子平靜安詳，小人憂戚不已。君子和而不同，小人同而不和，君子泰而不驕，小人驕而不泰；君子固窮，小人窮斯濫矣；君子內求於己，小人外責於人；君子上達，小人下達；君子獨立不倚，可以長處困境，也可以長居順境，不憂不懼。君子擔心自己能力不足，不擔心別人不欣賞自己。他無所爭，必要時只從事射箭比賽。他敏於事而慎於言，絕不言過其實，總是先行再言。

君子不浪費時間精力在空疏與遙遠的事務上；他把握此時此地，活在真實人生中。他任重道遠，但是知道千里之行始於足下。「君子之道，造端乎夫婦，及其至也，察乎天地。」（《中庸》第十二章）

君子之道，造端乎夫婦，及其至也，察乎天地。

# 基本智慧

本文已經把孔子在政治規範方面的格言略作評述。這些格言背後還有幾個基本觀念，可以讓我們看出孔子的思想體系。

（一）重大抉擇：孔子深知自己面臨一個重大抉擇：要隱居以獨善其身，還是入世以力求改善？他的決定非常明確：「我們沒有辦法與飛禽走獸一起生活，如果不同人群相處，又要同誰相處呢？」〔鳥獸不可與同群，吾非斯人之徒與而誰與？〕（〈微子〉）他反對「原本想要潔身自愛，結果卻敗壞了更大的倫常關係。」〔欲潔其身而亂大倫〕（〈微子〉）。處於亂世，似乎人只能隱居以自求解脫。孔子曾談及兩位隱者，「隱居起來，放言高論，人格表現廉潔，被廢也合乎權宜；我是與這些人都不同的，沒有一定要怎麼做，也沒有一定不要怎麼做。」〔隱居放言，身中清，廢中權；我則異於是，無可無不可。〕（〈微子〉）這些隱者反而使孔子更為堅定地直道而行，「天下政治若是上軌道，我就不會帶你們去試圖改變了。」〔天下有道，丘不與易也。〕（〈微子〉）

由於對人世的關懷與投入，孔子發展出一些觀念，代表了他的「基本智慧」。這些觀念述及：人的本性、社會秩序的必要性、語言的真偽問題、思維的本質、本源之絕對性及

其表象的相對性，最後是統合萬有與連繫萬有的太一⑮。孔子在任何情況下的主要關懷，都是人以及人的社會。

（二）人的本性：人的本性稱作「仁」。仁是人性與道德的統合體。「仁」字從「人」從「二」，表示人的本質即在人際交往中展現。為了說明人性問題，首先要闡明人的實然與應然⑯，其次要認清人的存在之多樣性。

第一，人必須成就為一個人。因為人不像動物那樣，生來即已定性，靠本能求生而不訴諸思想。人對自身負有責任。人共同塑造生活，超越本能的局限，以實現人的應然為目標。

任何個別的善都以人性為前提。只有仁者，能喜愛好人也能厭惡壞人。仁之個別表相是：虔敬、智慧與學習、正義。孔子不認為品德可以互相衍生，因為仁是統攝諸德的本源。個別品德透過仁，才能成為真理。仁是無條件的絕對本源：「行仁的人先努力辛苦耕耘，然後才收穫成果。」〔仁者先難而後獲。〕（〈雍也〉）

依仁而行，並不是遵守某一確定法則，而是得其大本──不僅賦予個別法則以價值，而且避免使個別法則成為絕對之物。「仁」字無法界說，但其要旨隱含於孔子所謂的中庸⑰。「中庸其至矣乎」（《中庸》第三章），其運作由內而外：「喜怒哀樂之未發，謂之中；發而皆中節，謂之和。」（《中庸》第一章）內在自我顯示之後，就需要中庸之道來使它合乎本源：「莫見乎隱，莫顯乎微；故君子慎其

⑮ 本書作者習慣使用西方的哲學概念，所以在此處說「太一」（the One），意指萬物的來源與歸宿，就是使萬物形成整體的唯一基礎。在孔子心中，這樣的概念顯然是「天命」，因為君子應該知天命與畏天命，而孔子自認「五十而知天命」；他在周遊列國時，儀封人說他是「天將以夫子為木鐸」，可見他的天命是宣傳教化。而他兩度遇到生命危險，皆訴求於天。若不如此理解，實不知此處所言「太一」何所指。

⑯ 西方哲學常以「實然」與「應然」二詞，說明人的現實狀況與理想要求。譬如，「張三是個兒子」，這是實然；「是兒子就應該孝順」，這是應然。哲學家設法說明人性是怎麼回事，其目的即是要聯結實然與應然。因此，說「人是什麼？」其實是在說「人應該成為什麼？」本節稍後的討論即以此為出發點。

⑰ 孔子的「仁」是指什麼？依《論語》所載，「仁」是孔子一以貫之的核心觀念。所謂「一以貫之」是指以一個「仁」字來貫穿他的整個思想。這個「仁」包含三個層次：（一）人之性：人只要真誠，就有力量由內而發，使人主動行善，此即孔子所謂「仁遠乎哉，我欲仁，斯仁至矣！」（〈述而〉）能由「我欲」即可來到的，唯有真誠所生的向善力量，亦即仁是指「人性向善」。（二）人之道：擇善固執；弟子問仁，孔子因材施教，他所做的正是提供弟子擇善之方。《中庸》第二十章直接點明「人之道」是「擇善而固執之者也。」（三）人之成：止於至善。本書作者認為「仁」無異於「中庸」，若以「中庸」為「擇善固執」，則可成立。

獨也。」（《中庸》第一章）

這種想法近乎神祕；孔子強調中庸居於兩種極端之間：「採取寬大柔和的教育方式，對無禮橫逆的人不去報復，這是南方所謂的強。」〔寬柔以教，不報無道，南方之強也〕，「以兵刃甲冑為臥席，即使戰死也不遺憾，這是北方所謂的強。」〔袵金革死而不厭，北方之強也〕，「君子立於中道而毫不偏倚。」〔君子中立而不倚〕。這是極其困難之事：「天下國家可以平治，爵祿富貴可以辭讓，銳利兵器可以踩踏；但是中庸卻沒有辦法做到。」〔天下國家可均也，爵祿可辭也，白刃可蹈也，中庸不可能也。〕（《中庸》第九章）

第二，人的本性表現於人生的多樣性上。人的本質相似，皆近於仁；但是習慣、個性、年齡、階級、知識卻使人相異⑱。

人生階段：「年輕時，血氣還未穩定，應該戒惕的是好色；到了壯年，血氣正當旺盛，應該戒惕的是好鬥；到了老年，血氣已經衰弱，應該戒惕的是貪求。」〔少之時，血氣未定，戒之在色；及其壯也，血氣方剛，戒之在鬥；及其老也，血氣既衰，戒之在得。〕（〈季氏〉）

人格類型：孔子分辨四種類型的人。最高為聖人，生而知之。孔子不曾見過聖人，但是從未懷疑古代有聖人存在。其次是學而知之的人，可以修成君子。第三類是困而學之，不肯氣餒的人。第四類是知難而退，不肯努力的人。（〈季

氏〉）中間兩類總會逐漸進步，「只有最明智與最愚昧的人是不會改變的。」〔唯上知與下愚不移〕（〈陽貨〉）

（三）本源為絕對，表相為相對：真理與實在界合而為一。獨立的純粹觀念並不存在。人生解脫之道在於領悟那影響實在界的知識，亦即可以身體力行、潛移默化的觀念。誠於中者必形於外。

「物有本末」；本源之絕對性滲入表相之相對性中。若根本得以修正為善，則人可以正確認知實在界，則觀念可以求其真實，意識可以求其正確（以上說的是格物、致知、誠意、正心），然後達於修身、齊家、治國、平天下。從天子

---

⑱ 這段話出自孔子所謂「性相近也，習相遠也。」（〈陽貨〉）由「性相近」可以推出「人性向善」，但無法推出「人性本善」。「人性本善」為朱熹注解的主要立場，代表宋明大多數儒者的看法。但是，若主張「人性本善」，則必須說「性相同」而不可說「性相近」。朱熹指出孔子「雜乎氣質而言之，故不曰同而曰近。」（《宋元學案·卷四十九·晦翁學案》）他批評孔子談人性是「雜乎氣質而言」，但孔子本人早於朱熹一千六百多年，自然不會把人性分為「天地之性」與「氣質之性」。我們怎能以後代的觀念去批評古人的用語有問題？比較可能的情況是：孔子並無「人性本善」的想法。本文下一段談到「君子有三戒」，正好證明孔子認為人的一生都要戒惕謹慎，以免「血氣」造成嚴重干擾。

以至於庶人，皆以修身的教育為本。不能齊家者，必不能教人。「負責治國的人，能使自己一家人行仁，全國就會興起行仁之風。」〔一家仁，一國興仁。〕（《大學》）

修身之規範與動力皆來自本源，而本源深廣不可測度，因此人生行事之應然法則總是有所不足。格物致知的功夫無法一蹴可幾，更不能定著於不變的狀態或獨斷的教條上。孔子「不憑空猜測，不堅持己見，不頑固拘泥，不自我膨脹。」〔毋意、毋必、毋固、毋我。〕（〈子罕〉）「君子立身處世於天下，無所排拒也無所貪慕，完全與道義並肩而行。」〔君子之於天下也，無適也，無莫也，義之與比。〕（〈里仁〉）他是周而不比、群而不黨的，始終保持開放的心胸。他有所不知時，退而自省；個性堅定，但不頑固；與人為善，但不同流；充滿自信，但不自傲。絕對理想展示於相對表相中。孔子以所有可述事件為相對的；這並不表示它們停止存在，而是表示它們由更高原理所統轄。

（四）秩序之必要：人倫秩序是不可或缺的，因為人的本質只有在人際關係中才能實現。人倫的首要原則是可以終身奉行的一句話：「自己所不想要的一切，就不去加在別人身上。」〔己所不欲，勿施於人。〕（〈衛靈公〉）根據這一原則，人的行為就能表現出恕道。「厭惡上位者所做的，就不要以此使喚屬下；厭惡右邊的人所做的，就不要以此對待左邊的人。」〔所惡於上，毋以使下；所惡於右，毋以交於左。〕（《大學》）

除了這句消極的格言，儒家還有積極的說法：「所謂行仁，就是在自己想要安穩立足時，也幫助別人安穩立足，在自己想要進展通達時，也幫助別人進展通達。」〔夫仁者，己欲立而立人，己欲達而達人。〕（〈雍也〉）

對於老子之主張「以德報怨」，孔子的答覆是：「那麼要以什麼來回應恩惠呢？應該以正直來回應怨恨，以恩惠來回應恩惠。」〔何以報德？以直報怨，以德報德。〕（〈憲問〉）

人倫的第二原則是：由於人與人之間差異極大，善政必須以妥善分配權力為條件，權力越大的人，越應該以身作則、知人善任。勉勵百姓，無憂無懼。

能夠自立自主、明辨是非、從善如流的，永遠是少數人。至於一般百姓，則只能「使他們走在人生正途上，卻沒有辦法使他們了解其中的道理。」〔民可使由之，不可使知之〕。（〈泰伯〉）君子與百姓的關係是：「政治領袖的言行表現，像風一樣；一般百姓的言行表現，像草一樣。風吹在草上，草一定跟著倒下。」〔君子之德風，小人之德草，草上之風，必偃。〕（〈顏淵〉）人倫秩序的建立，必須透過有權威者的表率。

政治地位與人品能力相應，則人倫秩序自然上軌道。「不擔任某一職位，就不去設想那個職位的業務。」〔不在其位，不謀其政。〕（〈憲問〉）人君必須揚善抑惡，並且教育平庸之民。

凡是能力足以從政的人，不會輕易受到輿論左右。眾人

皆厭惡者，他要仔細考察；眾人皆喜愛者，他也要仔細考察。弟子子貢請教說：「全鄉的人都喜歡他，這樣的人怎麼樣？」孔子說：「並不可取。」子貢再問：「全鄉的人都討厭他，這樣的人怎麼樣？」孔子說：「也不可取。比較可取的是全鄉的好人都喜歡他，壞人都討厭他。」〔子貢問曰：「鄉人皆好之，何如？」子曰：「未可也。」「鄉人皆惡之，何如？」子曰：「未可也。不如鄉人之善者好之，其不善者惡之。」〕（〈子路〉）

人倫的第三原則是：在事物發展過程中，直接干預產生不了效用。當然，人君可以使用威勢、法令、懲罰，但是結果極其可悲；因為在政刑的壓迫下，人民會設法逃避，得過且過，形同鄉愿。只有透過間接方式，才能造成偉大成果。人性的潛在種子可以被導入不同方向。採取決定性的行動是可能的。人性潛力必須得到發揮的機會，其他一切自然隨之而來。

（五）必須正名：弟子（子路）問孔子，若想挽救混亂的政局，首先該做何事？孔子的答覆出人意表：「一定要我做的話，就是糾正名分了。」〔必也正名乎！〕（〈子路〉）名實必須相符，君要像君，父要像父，人要像人。但是語言常被誤用，無法達到目的，造成名實分裂的現象。「有德行的人一定能說出有價值的話，說出有價值的話的人卻不一定有德行。」〔有德者必有言，有言者不必有德。〕（〈憲問〉）

語言誤用將導致天下大亂：「名分不糾正，言語就不順當；言語不順當，公務就辦不成；公務辦不成，禮樂就不上軌道；禮樂不上軌道，刑罰就失去一定標準；刑罰失去一定標準，百姓就惶惶然不知所措了。」〔名不正則言不順；言不順則事不成；事不成則禮樂不興；禮樂不興則刑罰不中；刑罰不中則民無所措手足。〕（〈子路〉）

「因此，君子定下一種名分，一定要讓它可以說得順當；說得出來的，也一定讓它可以行得通。君子對於自己的言論，要求做到一絲不苟罷了。」〔故君子名之必可言也，言之必可行也。君子於其言，無所苟而已矣。〕（〈子路〉）

（六）一以貫之：在談到各樣事物、各種品德，以及一切可學可做之事時，孔子對弟子（子貢）說：「你以為我是廣泛學習並且記得各種知識的人嗎？不是的，我用一個中心思想來貫穿所有的知識。」〔女以予為多學而識知者與？非也，予一以貫之。〕（〈衛靈公〉）。可見孔子所說的一切都圍繞著一個中心。這個中心是什麼？他不曾提出一個不變的答案。他的中心思想是一貫的，但是卻以許多表相概念來闡明，像「忠」或「恕」⑲。有時他只提出一個原則：「不了解命的道理，沒有辦法成為君子；不了解禮的規範，沒有辦法在社會上立足；不了解言詞的使用，沒有辦法了解別人。」〔不知命，無以為君子也；不知禮，無以立也；不知言，無以知人也。〕（〈堯曰〉）有時他又說：仁者愛人，知者知人。但是這一切反而使我們弄不清他的「一」是指什麼。

假使我們從至高權威的背景看來，孔子的「一」就顯得頗為清楚了。他曾提出接近老子的「無為」的觀念，認為至高權威體現於古代聖王身上：「無所事事而治好天下的人，大概就是舜了吧！他做了什麼呢？只是以端莊恭敬的態度坐在王位上罷了。」〔無為而治者，其舜也與！夫何為哉？恭己正南面而已矣。〕（〈衛靈公〉）除此之外，從孔子對「極限」的體認也可以辨明他的「一」⑳。

⑲《論語·里仁》，曾參說：「夫子之道，忠恕而已矣！」但問題有三：（一）曾參小孔子四十六歲；（二）曾參是學生中資質魯鈍的（〈先進〉）；（三）「忠恕」是二字，不符「一以貫之」的要求。但曾參後來另有體悟，他說：「士不可以不弘毅，任重而道遠，仁以為己任，不亦重乎？死而後已，不亦遠乎？」（〈泰伯〉）在此顯然以「仁」為人生目的，亦即合乎孔子「一以貫之」的要求。

⑳本書作者雅士培本人的哲學，主張在變化不已的萬物的根源處，有個「廣含萬有的太一」（又名統攝者）。他認為只要是真正的哲學家與宗教家，其思想一定有一個系統，這個系統有個最高層次的概念，包含萬物在內，又不為萬物所限制。可以稱之為「太一」或「統攝者」。他也依此理解孔子，所以在本文多次提及「太一」或「一」這樣的概念。這是西方學者標準的理解模式。我們若配合此一模式，可以說：孔子的「太一」或「一」就其根源而言是「天」或「天命」，就其展現於人間而言是「道」，就其為每一個人所能領悟而言是「仁」。「天、道、仁」各自以其方式，使一個人從容面對「死亡」。譬如，孔子兩次面臨死亡威脅，都直接訴求於「天」（〈子罕〉、〈述而〉）；他說過「朝聞道，夕死可矣」（〈里仁〉）；他也聲稱人應該「殺身以成仁」（〈衛靈公〉）。依此理解本文所謂的「一」，就不會感覺陌生與突兀了。

# 對「極限」的體認

以上所論，似乎以孔子哲學為一套完備知識，可以將萬事萬物導入正途。這種印象並不十分明確。

（一）孔子從不認為自己擁有完備的知識，也不認為這樣的知識是可能的。「知道就是知道，不知道就是不知道，這樣才是求知的態度。」〔知之為知之，不知為不知，是知也。〕（〈為政〉）

（二）孔子明知人間有「惡」存在。惡的根源在於人的墮落。他感嘆：「德行不好好修養，學問不好好講習，聽到該做的事卻不能跟著去做，自己有缺失卻不能立刻改正。這些都是我的憂慮啊。」〔德之不修，學之不講，聞義不能徙，不善不能改，是吾憂也。〕（〈述而〉）有時他說連一個善人都看不到。「算了吧，我不曾見過能夠看到自己的過失，就在內心自我批評的人。」〔已矣乎，吾未見能見其過而內自訟者也。〕（〈公冶長〉）他找不到有人喜愛仁者、厭惡不仁者。「我不曾見過像愛好美色一樣愛好德行的人。」〔吾未見好德如好色者也。〕（〈子罕〉）他想要找一位適合為君之人，但是遍尋不獲。他沒有看到任何聖人；看到君子就令人興奮了，但是連君子也不可見；甚至連有恆者也不可見。

然而孔子絕不以為世界是惡的。他只是感嘆世風日下，

去古愈遠：「至於政治理想無法實現，則是我們早已知道的啊。」〔道之不行，已知之矣。〕（〈微子〉）

（三）孔子不以人生終局為討論題材。他對於探討終極之物感覺遲疑，極少談論利益、命運、仁德（〈子罕〉）。弟子問他關於死亡、人性與世界秩序（天道）時，他的答案總是讓問題本身保持開放；這並不是因為他故作神祕（他無事不可對弟子言），而是因為這種事情本身只能這樣回答。人們往往出自錯誤的動機（如好奇，或者想要曲解當下的需要，或避開人生正途），而去探問終極問題。孔子並非不想滿足這一類的欲望，只是這些事情實在無法客觀討論，甚至無法做為客觀的對象。正是為了這個緣故，孔子對形上學問題從不提出任何直接的答案。雖然這種態度可能被人視為「不可知論」，但是它所顯示的並非對不可知者漠不關心，而是一種深刻的敬意，不願輕易將內在驗證轉化為偽知，或流於口舌之爭。孔子在各種情況下對於無限者與不可知者，都很少顯露偉大形上學家的探究衝動；但是我們從他對禮儀的虔誠奉守以及他在關鍵時刻所精闢表達的人生之道，可以清楚看出他對於人生終向的體認是真切的。

孔子接受傳統的宗教思想。他並不懷疑鬼神存在。祖先崇拜與祭祀禮儀具有根本的重要性。但是他在這方面的表現卻是保持適當距離，並且毫不沾染迷信。「孔子不談論反常的、勇力的、悖亂的、神異的事情。」〔子不語怪力亂神。〕（〈述而〉）「不屬於自己應該祭祀的鬼神，若是去

祭祀，就是諂媚。」〔非其鬼而祭之，諂也。〕（〈為政〉）弟子（子路）請教如何服事「鬼神」，他說：「沒有辦法服侍活人，怎麼有辦法服侍鬼神？」〔未能事人，焉能事鬼？〕（〈先進〉）弟子（樊遲）請教「什麼是明智」，他說：「專心做好為百姓服務所該做的事，敬奉鬼神但是保持適當的距離，這樣可以說是明智了。」〔務民之義，敬鬼神而遠之，可謂知矣。〕（〈雍也〉）這些話相當含混。到底人應該對鬼神保持尊敬的距離，還是應該盡可能疏遠鬼神呢？但是他本人對於奉守禮儀無疑是虔誠的：祭祀（禘祭）必有重大意義，但是我不知道。「知道這種理論的人若要治理天下，就好像看著這裡吧！他指著自己的手掌。」〔知其說者之於天下也，其如示諸斯乎！指其掌。〕（〈八佾〉）

孔子屢次談到「天」。「只有天是最偉大的。」〔唯天為大。〕（〈泰伯〉）「四季照樣在運行，萬物照樣在生長，天說了什麼啊？」〔四時行焉，百物生焉，天何言哉？〕（〈陽貨〉）富貴在天；天也能毀滅一切。這種天是非位格的㉑，他只有一次以天來指稱上帝。天所定的命運或天命是非位格的。他常說的口語之一是「是天意也」。

孔子很少談到祈禱。哀求式的祈禱，甚至奇蹟式的祈禱，都與他毫不相契，因為他曾暗示自己的一生就是祈禱㉒。第九世紀的一位日本儒者說得不錯：「只要內心追隨真理之道，就毋須祈禱，因為神明會保佑你。」

死生有命，皆為天意；自古以來，人皆有死。這些話顯

示孔子坦然接受死亡的事實。死亡並無理由影響人的情緒，因為那是必然的現象。他對於早夭感覺哀傷；「穀子生長了卻不開花的，有這樣的情形啊！開花了卻不結實的，也有這樣的情形啊！」〔苗而不秀者有矣夫！秀而不實者有矣夫！〕（〈子罕〉）但是他也說過：「早晨聽懂了人生理想，就算當晚要死也不妨。」〔朝聞道，夕死可矣。〕（〈里仁〉）死亡並不值得畏懼：「鳥快要死時，叫聲是悲悽的；人臨死時，說話是有道理的。」〔鳥之將死，其鳴也

---

㉑孔子的「天」是「非位格」的嗎？所謂「非位格」（impersonal），是說不像人一樣具有「知、情、意」的能力及表現。事實上，孔子的「天」恰恰是具有位格的。以「知」而言，孔子說：「知我者，其天乎！」（〈憲問〉）以「情」而言，孔子說：「予所否者，天厭之！天厭之！」（〈雍也〉）以「意」而言，孔子在顏淵死時，說：「天喪予！」（〈述而〉）試想：天若沒有「知、情、意」的能力，如何可能使孔子說：「吾誰欺？欺天乎？」（〈子罕〉）「天生德於予」（〈述而〉），「天之未喪斯文也」（〈子罕〉）？又怎麼能使孔子說：「獲罪於天，無所禱也」（〈八佾〉）？西方學者談到「位格神」（相當於「位格天」），所想的常是像猶太教或基督宗教的那種「位格神」，因而難以理解中國古代有關「上帝」與「天」的信仰。事實上，有關「位格神」一詞，重要的是就其所展現的「作用」來理解，而不必涉及特定的一神論宗教所彰顯的特定的位格神。

哀，人之將死，其言也善。〕（〈里仁〉）探討死亡，並無意義：「沒有了解生的道理，怎麼會了解死的道理？」〔未知生，焉知死？〕（〈先進〉）

弟子問他，死者是否知道後人的祭祀？他說，這種知識不是我們所關心的。他以實用的心態，亦即由結果來判斷這個答案，因此認為沒有答案是最好的：我若說是，則孝子恐怕盡獻一切於死者；我若說否，則不孝子可能就會疏忽他們對死者應盡的義務了。

---

㉒此語要參考兩段引文，一為《論語·八佾》。孔子到了衛國，衛國的宮廷派（以衛靈公夫人南子為首）與大臣派（以彌子瑕、王孫賈為首）正在進行政治角力，雙方都想拉攏孔子。王孫賈以當時流行的一句成語「與其討好尊貴的奧神，不如討好當令的灶神」來試探孔子的反應，看他是要支持宮廷派還是大臣派。孔子的回答是：「不然。獲罪於天，無所禱也。」意即：一個人得罪了天，就沒有地方可以獻上禱告了。另一段引文是《述而》所載，子路在孔子病重時，請示要作禱告，亦即「禱爾於上下神祇」，孔子說：「丘之禱久矣！」意即：我長期以來一直都在禱告啊！以上兩段引文合而觀之，可知：（一）孔子只向「天」禱告；（二）孔子不向鬼神禱告；（三）孔子並未暗示「自己的一生就是祈禱」。孔子認為自己的一生都在「奉行天命」，這是沒有問題的，但「奉行天命」與「向天禱告」這兩者並不矛盾，也不必視為等同。因此，作者本文稍後引述某日本儒者之說，實在不能代表孔子的想法。

# 人格

孔子曾談論自己的作風與志向，他的弟子也曾描述他的人格。

他明知自己的使命。孔子在遭遇生命危險時，曾說：「周文王死了以後，文化傳統不都在我這裡嗎？天如果要廢棄這種文化，後代的人就不會有機會學習這種文化；天如果還不要廢棄這種文化，那麼匡人又能對我怎麼樣呢？」〔文王既沒，文不在茲乎？天之將喪斯文也，後死者不得與於斯文也。天之未喪斯文也，匡人其如予何？〕（〈子罕〉）

他雖然了解自己的使命，但仍謙虛為懷。他無疑相信自己在好學方面可以比得上任何人，但是他承認自己尚未達到把知識化為行動的君子。他只是「努力實踐而不厭煩，教導別人而不倦怠。」〔為之不厭，誨人不倦。〕（〈述而〉）

他的弟子偶爾也批評他。他曾往見南子，受到子路批評，他說：我若做錯的話，「讓天來厭棄我吧！」〔天厭之！〕（〈雍也〉）他曾不守誓言，理由是他是在被迫的情形下立誓。㉓

弟子（子貢）曾當面形容他的狼狽，他說：「而謂似喪家之狗，然哉！然哉！」（《史記·孔子世家》）曾有大夫問其弟子（子路），孔子是什麼樣的人，孔子知道後說：「你為什麼不這麼說：他這個人，發憤用功就忘記了吃飯，

內心快樂就忘記了煩惱，連自己快要衰老了都不知道，如此而已。」〔女奚不曰：其為人也，發憤忘食，樂以忘憂，不知老之將至云爾！〕（〈述而〉）

孔子明見自己的失敗。他曾在一次極端危險的情況下問他的弟子：我這一生到底做錯了什麼事？為什麼會遭遇這樣的災難？子路說：人們並不信賴他，因為他還未達到真正的善；人們也不相信他的話，因為他還未達到真正的智。但是孔子回答說：古代的聖人與智者也曾遭遇大災大難；因此善不必然引發信心，智也不必然引發順服。子貢說：夫子陳義過高，世人無法接受，因此最好稍微降低格調。孔子回答說：良農能夠播種，但不能製造豐收；君子能夠剪裁學說，但不能強使人們接受。以人們接受與否來決定學說好壞，正是事理不分的做法。顏淵說：夫子道大，因此世界無法領會。但是只要努力奉行下去，別人不接受又有什麼關係？君子不為人知，正是預料中事。孔子聞此言而微笑。（《史記·孔子世家》）

孔子並不總是安然接受自己的失敗；他也詳加研究，予以解釋。他的態度並非事先可以確定，有時也作不同反應。

他曾感嘆：「君子遺憾自己離開世間而沒有留下好的名聲。我的理想沒有辦法實現了，我對後代的人要如何交代呢？」〔君子病沒世而名不稱焉。吾道不行矣，吾何以自見於後世哉？〕（《史記·孔子世家》）他說：「沒有人了解我啊！」緊接著又安慰自己：「不怨恨天，不責怪人，廣泛

學習世間的知識，進而領悟深奧的道理，了解我的只有天吧！」〔不怨天，不尤人，下學而上達，知我者其天乎！〕（〈憲問〉）

　　他安於自己的命運：「學了做人處事的道理，並在適當的時候認真實踐，不也覺得高興嗎？志同道合的朋友從遠方來相聚，不也感到快樂嗎？別人不了解你，而你並不生氣，不也是君子的風度嗎？」〔學而時習之，不亦說乎？有朋自遠方來，不亦樂乎？人不知而不慍，不亦君子乎？〕（〈學而〉）。「不擔心別人不了解我，只擔心我不了解別人。」〔不患人之不己知，患不知人也。〕（〈學而〉）

　　隱者勸他不必枉費心機：「算了吧，算了吧，現在從事政治的人都很危險啊！」〔已而！已而！今之從政者殆而！〕（〈微子〉）老子規勸他說：「既聰明又能深入考察事理，但是卻接近死亡的，是那喜歡議論別人是非的人。」〔聰明深察而近於死者，好議人者也。〕（《史記·孔子世家》）但是他仍然努力在世界上建立人倫秩序。成不成功並

㉓依《史記·孔子世家》，孔子周遊列國時經過蒲國，正好蒲國與衛國發生戰爭，乃限制孔子出境。後與孔子約定，只要不前往衛國，就讓他與弟子們離開。孔子簽了盟約，但離開後立即前往衛國。子貢問：有了盟約，可以不守信嗎？孔子說：「這是在要脅之下所立的盟誓，神明是不會在意的。」由此可知孔子有通權達變的智慧。

不重要。做一個人，就是要擔起你對群體應負的責任。「有志者與行仁者，不會為了活命而背棄人生理想，卻肯犧牲生命來成全人生理想。」〔志士仁人，無求生以害仁，有殺身以成仁。〕（〈衛靈公〉）

他的基本態度是隨時將自己準備好：「有人任用，就發揮才能；沒人任用，就安靜修行。」〔用之則行，舍之則藏。〕（〈述而〉）

重要的是這個原則：人可以自作主宰的是他自己的心靈。吉凶不足以做為判斷一個人價值的標準。外在的逆境並非總是惡事；它也可能形成「試煉」。人不應陷於失望的深淵；即使處在最艱難的情況下，也要保持希望。我們多次見到人們從絕望的環境中升進到最高成就。

孔子在一生中最有希望的時刻並未產生他所預期的影響。即使在他死後，他的原初理想也不曾得到實現。他的學說經過修飾才得以大行於世。因此，我們更應該在各種修飾下找出他的學說原貌，以便了解真正的孔子。經過謹慎選取可靠的素材，我們嘗試描繪孔子的真相。假使我們執著於後人的教條化陳述，恐怕就會錯失要點。從孔子的言行事蹟所得出的圖像一定有其中心意旨，否則這樣的人是無法存在的。

孔子並未遠離塵世或專務內省。他不曾設計任何經濟制度、法令規章或某種政體；他全力宣揚的是根本的東西——不能直接探求、只能間接推動——亦即從道德上與政治上所

孕育的整體精神，以及整體中的個人之內在培育。他不曾明說任何根本的宗教體驗，不曾談及啟示；他不曾經歷內在的重生；他不是密契主義者。然而他也不是理性主義者；他的思想指標是一個統合的團體，人藉以成其為人。他追求美、秩序、真與人間的幸福。這一切的根基，並不因為失敗與死亡而喪失意義。

孔子的思想局限於人間的可能狀況，這是他溫良性格的緣由。他謹慎保守，但並非出於恐懼，而是出於責任意識。他盡力避開可疑的與危險的事件。他渴求知識，到處學習。他對古代知識更有學不厭的熱忱。他的對話中，不常提到禁令，卻多有勉勵的雋語與做人的法則。謙以自持，修身以俟。他不受權力本身所驅策，始終想做一位真正自主的人。

他的性格顯然是溫和、開放與自然的。他不允許別人把他神化。他生活在日常世界中，也有個人的弱點。

孔子如何立身處世呢？他與老子大異其趣；他投身現實世界，相信自己負有使命，要改善人類的處境。他建立學派，教育未來的政治家。他編選古代典籍。但是更具意義的是：孔子是中國第一位將理性的深度與廣度發揮得光彩耀目的偉人；他是人中之龍。

# 孔子與敵對者

孔子批評人，也受人批評。先是對一些競爭者的無能與嫉妒提出浮面的指摘；然後是他與老子之間深刻而根本的對立。

（一）孔子的敵對者中，有一些人認定世界原已腐化，因此可以上下其手；另一些人像辯士一樣，逞其利口混淆是非善惡。

孔子居官時，曾經為了國家安全而處死少正卯。他的理由是少正卯兼有以下五惡：「思想明白通曉，然而邪惡不正」〔心達而險〕、「行為邪僻但固執不改」〔行辟而堅〕、「言論錯誤但辯才無礙」〔言偽而辯〕、「記誦醜惡事件但資料廣博」〔記醜而博〕、「順從偏差言行但加以潤色」〔順非而澤〕，這五惡皆大於竊盜，不可不誅。現在少正卯兼而有之：「他的居處足以聚集學生結成群體，他的言說足以掩飾邪惡迷惑眾人，他的剛強足以違背正義自行其是，這是小人中傑出而勇敢的人，所以不能不殺。」〔故居處足以聚徒成群，言談足以飾邪營眾，強足以反是獨立，此小人之桀雄也，不可不誅也。〕（《荀子·宥坐》）

孔子本人也是受人批評的焦點。有人認為，要想實現孔子之教，活得再久也不足夠；他的教誨對百姓毫無用處；他

沒有能力從事有效的管理與實際工作；他會以喪葬的繁文縟節耽誤國政；他只是個書呆子，到處旅行，販賣意見，像寄生蟲一樣；他傲慢自大，以盛裝多禮來加深人們的印象。（《史記·孔子世家》）

（二）傳說中，孔子曾經往見前輩老子。老子不贊成他的設計、勸誡與治學。六經只是先王之陳迹而已；他們踏下足迹，今人只是用口說說。老子說：你們所說的，只是一些陳迹而已，你所讀的也只是古人的糟粕而已，「古人與他們不可傳授的心得都已經消失了」〔古之人與其不可傳也死矣〕，其他的糟粕則留在書上。（《莊子·天道》、《莊子·天運》）

老子說，根本的智慧才是重要的；他責怪孔子並未聞「道」㉔。孔子被他自己在道德上的絕對信念所誤導了，仁義只不過是求道之人的結果，本身一無所是。孔子強調兼愛無私時㉕，老子的回答相當尖銳：「噫，後面這句話很危險！談兼愛，不是太迂腐了嗎？說無私，其實還是有私心。先生是想讓天下人不要失去養育嗎？那麼，天地本來就有常軌，日月本來就有光明，星辰本來就有行列，禽獸本來就會群居，樹木本來就會成長。先生只要依循天賦常態去走，順著自然途徑前進，就可以達到目的了。又何必拚命提倡仁義，好像敲著鼓去追趕逃跑的人呢？噫，先生擾亂了人的本性啊！」〔意，幾乎後言！夫兼愛，不亦迂乎！無私焉，乃私也。夫子若欲使天下無失其牧乎？則天地固有常矣，日月

固有明矣，星辰固有列矣，禽獸固有群矣，樹木固有立矣。夫子亦放德而行，循道而趨，已至矣；又何偈偈乎揭仁義，若擊鼓而求亡子焉？意，夫子亂人之性也！〕（《莊子‧天道》）

道之顯示，端在「無為」；其他一切都屬浮面，講求仁義而不知推源於道，正是違背人性。世界若是守真反樸，不離於道，則仁義禮智自然依序而生。

「大道毀壞之後，才有所謂的仁義；智巧聰明出現，才有嚴重的虛偽。」〔大道廢，有仁義；智慧出，有大偽。〕（《老子》第十八章）大道不行，才要假託仁義，但是成效不著；正如「泉水乾涸了，幾條魚一起困在陸地上。互相吐氣來溼潤對方，互相吐沫來潤澤對方，這實在不如在江湖中互相忘記對方。」〔泉涸，魚相與處於陸，相呴以濕，相濡以沫，不若相忘於江湖！〕（《莊子‧天運》）人生正途在於皈依於道，排除一切智偽造作與善惡之分。古之人依於道者，非以明民，將以愚之。

老子被認為是孔子真正的對手。但是後來的儒道之爭使孔老間的對話染上許多色彩。兩派的後人更發展到無法相容的地步。像道家流於道教，走上隱居、符咒、煉金、長生、方術、密醫的路線。儒家則主張入世，投身現實政治，成為政客、法家，甚至追逐權勢之輩。

假使直接考慮孔子與老子二人的基本態度，就會發現他們雖然對立，但是仍有相反相成、不可互缺的關係。他們共

同形成一個整體。儒家的偏狹不應該歸咎於孔子。一般以為老子的道超越善惡，而孔子則將道落實於善惡的倫理秩序中。但是更正確的說法是：孔子透過善惡之知以建立群體的人倫秩序時，根本不曾碰到超善惡的領域。因為他並不以群體為一絕對體。在他看來，「統攝者」（涵容萬物者）是立說的背景，而非立說的題材；它是讓人敬畏的極限與基石，而非當下可以論斷者。真正的差異是老子對道所取的直接進路，以及孔子透過人倫秩序的間接進路；因此他們是同一根本觀點之不同的實際結果㉖。

　　老子以道在萬物之先之上；這個道正是孔子的「一」。老子沉浸於道之中；孔子則秉持他對「一」的敬畏以立身處

---

㉔老子是道家，孔子是儒家。儒家以人為一切價值的基礎；道家則以人為萬物之一，與萬物同樣來自於道。換言之，孔子的「道」主要是指人之道，而老子的「道」是指萬物的來源與歸宿。如果對照二者，可知孔子的「天」概念更接近老子的「道」概念。既然如此，道家對儒家的許多批判難免失之偏頗。

㉕莊子是道家代表，其地位正如儒家的孟子。莊子書中所寫的孔子並非真實的孔子，而只是做為他批評儒家的假想人物。譬如，孔子倡言仁義，但與墨家所主張的「兼愛」（以平等方式同時愛護每一個人）明顯有別。若以莊子書中所描寫的孔子做為真實的孔子，則顯然不合常理。

世。孔子偶爾也想遠離塵世；面對極限時，他也想訴諸無為，讓世界自成秩序。這兩位哲人雖然看著相反的方向，但是卻站在同樣的基礎上。他們的統合曾體現於歷史上的偉人身上；雖然沒有人把這兩套哲學作過系統的組合，但是在中國人的生命智慧中卻可看到兩者同時閃亮。

---

㉖ 本書作者這裡認為孔子與老子是「同一根本觀點之不同的實際結果」。這種說法不夠清楚。更可取的說法是：古代中國在春秋戰國時代是天下大亂的局面，此時中國出現兩種虛無主義的危機：一是價值上的虛無主義，就是善惡不分，並且善惡沒有報應，使人們失去行善避惡的動機。二是存在上的虛無主義，就是由於戰亂造成普遍的死亡現象，使人們喪失活下去的意願。孔子針對價值上的虛無主義，倡言人的真誠可以引發行善的力量，使價值重新安立於人性中。老子針對存在上的虛無主義，肯定「道」是萬物的來源與歸宿，認為人的生命是經由道的安排，所以人應該珍惜此生並感受存在的美好。總之，孔子與老子並無互補的必要，而是各有關懷重點，因而顯示不同的深度與層次。

# 影響

孔子有生之年只是許多哲學家之一，而且也不是最成功的一位。但是由他開展的儒家則兩千年之久一直是中國思想的主導力量。

儒家的發展大至分為以下幾個階段：

（一）孔子之後，有孟子（約372-289B.C.）與荀子（約310-230B.C.）奠立儒家的學派傳統與基本原則。儒家的思維方式漸趨抽象、精確與系統化。孔子精神在《大學》與《中庸》二書得到最美妙與最清晰的展現。《論語》中的格言更接近孔子思想，甚至錄下了他的部分言語，但卻過於簡短、殘缺，並且可以作多種不同的詮釋。這些格言就像蘇格拉底以前某些哲人的斷簡，本身立意完備，但是具有無限發展的可能性。這些格言放在系統的形式中，可以充實概念架構，但是難免損及原始的豐富內涵。在孔子的後繼者書中，他的思想變得更清楚，同時也受到較多限制。儒家是源遠流長的文化運動，歷代都有憂國憂民的知識份子參與其事。秦始皇曾想摧毀儒家，焚書坑儒，但是在暴君死後（210B.C.）王朝隨即被推翻。此時中國已由封建社會進入中央集權的統治。

（二）出乎意料之外的事發生了。繼起的漢代（206B.C.—220A.D.）尊崇儒家。他們訴諸孔子精神，來為國家權威辯護；這些作為與孔子本人並無關係。孔子所知道的只是封

建城邦。儒家結合了實際力量，展示了新的思想格局。知識份子成為政治體系的成員之一。他們發展出一套正統觀念，排斥異己。儒家學說成為訓練官吏的一套教育體系。儒家成為國立學校，傳受治術與維護政統。

（三）宋朝（960-1276A.D.）的儒家展開多方面的發展，尤其是側重形上學與自然哲學的一派。同時，他們根據孟子思想建立一套正統經典。到了清朝（1644-1911A.D.），儒家正統得到進一步加強，形成教條的形式。歐洲人長期以來，一直相信中國人所謂的中國自古即是如此；直到漢學家重新釐清了中國歷史的驚人內容，真相才告大白。

因此，儒家就像基督宗教與佛教，曾經在歷史的長流中經歷許多轉變。等到官方正式接受孔子思想時，孔子的原貌早已模糊了。儒家的歷史是一場奮鬥，在精神方面爭取正統地位，在政治方面爭取知識階層的主導地位。這樣的儒家實已形成藩籬；文化史上許多偉大的藝術、文學與哲學運動都在自覺或不自覺的狀態下，努力突破這一藩籬。在文化生命陷入低潮時，儒家——正如西方的天主教——也難免隨之衰退。但是它也曾達到精神上的高峰；正如天主教有聖多瑪斯（Thomas Aquinas, 1225-1274），儒家也有朱熹（1130-1200）㉗。

任何更高的衝動都會為自身帶來危險。儒家數十世紀之趨於退化，已經使得某些人將責任推到創始者身上，這當然是十分錯誤的。他們辯稱孔子的思想是「反動的」，崇古取向、僵硬不化、殘害人命；它閉眼不看未來，因此瓦解了一

切創發的、活潑的、進步的力量。

　　就孔子本人看來，以上這種見解顯然是站不住的。本文已經從更廣的背景設法疏解孔子的思想要旨。我們發現許多孔子的圖像根本是捏造的。然而就儒家的一般情形看來，過去數十世紀確實也出現了退步的一面。我們可以歸結為以下各點：

　　（一）不可知的「一」這個觀念，被轉化為形上學中無可無不可的實體。孔子本人不願多談論絕對者或向它祈禱求

⑳ 朱熹的《四書章句集注》從元朝皇慶二年（1313）起，成為科舉考試的主要參考資料。自此以後六百多年，中國人從啟蒙開始所學的儒家經典，如《論語》、《孟子》、《大學》、《中庸》，全都是朱熹所詮釋的儒家。真正的孔孟思想反而變得面貌模糊。清儒顏元（1635-1704）說：「必破一分程朱〔程頤、朱熹〕，始入一分孔孟。」（《年譜·告李塨語》）「千餘年來〔其實是四百年來〕率天下入故紙中，耗盡身心氣力，作弱人、病人、無用人者，皆晦庵〔朱熹〕為之也。」（《朱子語類評》）「宋元來儒者，卻習成婦女態，甚可羞。無事袖手談心性，臨危一死報君王，即為上品矣。」（《存學篇·卷一·學辨》）這些批評有些情緒用語，但並非無據。不過，說得公平一些，自秦始皇建立帝王專制的政體以來，孔孟思想就受到扭曲與利用。因此，如何理解孔孟而不受歷代學者的詮釋所障蔽，實為當前學界的主要挑戰。

助，是因為他將自己對統合者的信心變為行動，投向現實世界中的人類。他平靜地接受死亡，不去探問不可知之事；他的思想中的任何事物都是開放的。凡人若是缺乏孔子的信念，就容易淪於懷疑主義，甚至無法收拾的迷信。不可知論留下了真空狀態，後期儒家就以偏重物質的方術與虛幻不實的期待來填充。

（二）孔子對人性之單純熱誠的意念，被轉化為效益主義的思想㉘。結果造成只知炫耀學問的實效主義㉙，完全無視於人格的獨立價值。

（三）禮與仁之間的張力所隱含的自由規範，被轉化為教條式的禮儀。禮若不以仁與「一」為其根基，就只能淪為外在行為的刻板法則。禮在孔子是一種溫和的力量，現在成為嚴謹的形式與強加於人的法律。它混雜於品德與規章的體系中，凍結一切人際關係。

（四）思想的開放性，退化為教條理論。例如，性善與性惡的爭辯，禮能使人導入善途或者只是復其善性的爭辯。孔子並未暗示這一類爭辯；除了上智與下愚之外，人皆有可能發揮自身的潛力；關鍵在於「習」（實踐）。但是，現在竟以理論為較量之地。這些理論之爭，在孔子看來無關宏旨，事實上也並無定論。

（五）原屬內在行動之知識，退化為記誦之學。儒生階級隨之而生，不以高尚人格為務，徒重形式上的學習，靠著一套考試制度來維持特權。孔子心目中的古代知識，是每一

個人必須自行求取規範。到了儒學末流，就淪為研讀古籍與先賢作品；學生並未消化古代智慧，只是學習如何模仿。學派訓練所產生的正統學問，與人生整體失去聯繫。

以上幾點事實對中國歷史頗有影響，但是還不能完全抹煞儒家的本源。孔子本人在儒家的整體發展過程中，仍然保持鮮明形象與重要地位。人們總要不斷回溯他這位偉大的權威。弟子可以自由批評他的行為，但是仍然對他景仰有如日月㉚；若無日月，人將無以為生。孔子卒後，弟子按祖先崇

---

㉘「效益主義」（Utilitarianism），過去多譯為「功利主義」。其意為：在考慮一事是否該做時，要看它能否為多數人帶來利益。這種思想或許可用於公共政策，但是對人的道德抉擇而言，則流於表面與浮泛。

㉙「實效主義」（Pragmatism），過去多譯為「實用主義」。其意為：一觀念是否正確，要看它能否產生實際效用。譬如，一張地圖若能帶人走到目的地，則此地圖為真。這種思想用以描述儒家的道德要求，實在相去甚遠。

㉚此語出自《論語·子張》，子貢勸人不要任意批評孔子，他說：「仲尼，日月也，無得而逾焉。人雖欲自絕，其何傷於日月乎？多見其不知量也。」《孟子·公孫丑上》記載：宰我推崇孔子「賢於堯舜遠矣」，子貢宣稱「自有生民以來，未有夫子也」，有若再次強調「自生民以來，未有盛於孔子也。」孟子則重複類似說法：「自有生民以來，未有孔子也。」依此方向發展，後代推崇孔子為神，也就不足為奇了。

拜之禮，在他墳前祭祀，稍後更立廟紀念。早在西元前第二世紀之末，史家司馬遷曾至魯國親訪孔子廟堂，歸來寫道：「余低迴留之不能去云，天下君王至於賢人眾矣。當時則榮，沒則已焉！孔子布衣，傳十餘世，學者宗之。自天子王侯，中國言六藝〔六經〕者，折中於夫子，可謂至聖矣！」（《史記·孔子世家》）。演變到後來，祀孔之廟遍立於中國。直到二十世紀初期，孔子還被公然說成是神。孔子在世之時只願做一個人，甚至不以聖人自居；隨著歷史的演變，孔子最後竟被尊奉為神；這其間的委婉曲折實在令人低迴不已。

# 4

# 耶穌
Jesus

**原始文獻：**《聖經》：新約，特別是福音中的瑪竇福音、瑪爾谷福音、路加福音；另有亨內克（Hennecke）之偽經譯本，《偽經》（*Apokryphen*）。

**參考資料：**史懷哲（Schweitzer）、迪貝流斯（Dibelius）、布特曼（Bultmann）。

　　雖然耶穌的畫像不可能得到確切的史料根據，他的真實生命仍可在傳統的帷幕下清晰展示。我們有兩個選擇：一是願意相信傳統的片段資料，甚至冒著將錯就錯的危險；二是接受批判的考證，把耶穌的真實性完全抹煞。本文將由記述耶穌的故事著手，再參考學者的研究成績，試圖集合一切可信的、可靠的與可能的資料，描繪出耶穌的畫像。這樣的一幅畫像所著重的，是我們與耶穌這個人之間的相互關係。我們將努力揭開帷幕，欣賞耶穌的真正面貌，看看他是怎樣的人，做過什麼事，又說過什麼話。

# 信息

　　我們所知道關於耶穌者，最可靠的莫過於他帶來的信息，像：天國來臨了，人必須如何預備，以及信仰將使人得救。

　　（一）世界末日與天國：耶穌的思言行為有一個大前提，就是世界末日即將來臨。世界末日將是一大浩劫：「因為那時必有大災難，是從宇宙開始，直到如今從未有過的，將來也不會再有」（谷13：19）①；「立時太陽就要昏暗，月亮也不發光，星辰要從天上墜下」（谷13：24）。

　　耶穌這段話只是反映當時流行的天啟觀念而已。但是他的態度卻是極其真切的。世界末日迫在眉睫：「我實在告訴你們，非到這一切發生了，這一世代絕不會過去」（瑪24：34）。「我實在告訴你們，站在這裡的人中，會有些人在未嘗到死味以前，必要看見人子來到自己的國內②」（瑪16：28）。耶穌派遣門徒宣揚這個迫切事件時說：「直到人子來到時，你們還未走完以色列的城邑」（瑪10：23）。耶穌與當時大多數宣講啟示信息的人不同之處，在於他極少談到末日的恐怖。一般人都以為末日還早，耶穌則以為近在眼前，因此應該是人人關心的焦點。面對世界末日，其他一切都變得毫無意義。我的所作所為只有相符於末日之需，才能產生意義。

然而，人還是可能找到一種意義。因為世界末日所帶來的並非一片虛無，而是天國。天國是指上帝親自統治的時代。天國必將來臨，但不是人力可以促成，而全屬上帝的決定。世界變得無關痛癢，因為天國即將無比光榮地來臨。幸福的消息如下：「神貧的人是有福的，因為天國是他們的③」（瑪5：3）。「小小的羊群，不要怕，因為你們的天父樂於把天國賜給你們。」祈禱時要說：「願你的國來臨！」（瑪6：10）由此可見，末日並非只是威脅或毀滅，同時也是一個許諾：上帝的國。恐怖之感與興奮之情混融而生。

　　耶穌上述預言原屬一種宇宙性的事件。但它並不是發生於世界中的事件，像舊世界轉化為新世界似的，而是這個世界停止存在，歷史就此中斷。上帝之國既非世界，亦非歷史，也不是此世的轉化。它是完全不同的一樣東西。

　　這個新國度的消息帶來一種奇特的含混觀念。天國將要來臨，同時又已經臨現了。未來的事功現在已經在世上運作了。芥菜子的比喻可以說明這種思想。芥菜子是種子中最小的，但當它長起來，卻比各種蔬菜都大。天國也是如此。更重要的是下面這句話：「看哪，上帝的國已經在你們中間了。」這就是說，天國的標記——耶穌本人及其作為與信息——已經來到人間了。因此，眼前所見的不是天國，而是天國的標記，亦即天國即將來臨的標記。當施洗者約翰④派人問耶穌「你就是要來的那一位嗎？」耶穌在回答時心中所想的即是這些標記，他並不直接說是或否，卻代之以：「瞎

① 有關《聖經》的譯本，我引用的是思高聖經學會所譯的《聖經》，香港，一九六八年。這是天主教的標準譯本。但由於文化界通行的用語稍有不同，所以為了便於讀者查考與理解，我修訂了某些關鍵用語，如將「天主」改為「上帝」，「默西亞」改為「彌賽亞」，「梅瑟」改為「摩西」等。我認為，重要的不只是一個名詞如何譯為中文，還須注意這個名詞在中文傳統中的相關性與差異性。譬如，「上帝」代表「至上神」，在《書經》、《詩經》等古典中即有此義。古人不分種族，大都有其「至上神」的觀念。至於差異性，則是猶太人相信自己是上帝的選民，並且上帝將派遣彌賽亞來拯救其民族。基督徒則相信耶穌就是上帝之子，是「要來的那一位」。這些特殊的差異經過清楚的介紹，正好突顯不同民族的信仰特色。

其次，是有關《聖經》的翻譯。《聖經》有《舊約》與《新約》兩大部分。《舊約》是由摩西代表以色列人，在西奈山上，與上帝所立的盟約。其內容著錄成書有四十六卷，歷經一千餘年（約1300-100B.C.）。《新約》是耶穌基督以自己的死亡與鮮血，在上帝與人之間所立的救贖盟約。其內容有二十七卷，是第一、二世紀所編寫成的，其中介紹耶穌行誼的是「四福音書」：瑪竇福音、瑪爾谷福音、路加福音、若望福音。基督教（新教）的譯名為：馬太福音、馬各福音、路加福音、約翰福音。本書譯者參考思高聖經學會的譯本，所以皆取天主教的譯名。四福音的簡稱依序為：瑪、谷、路、若。在此，（谷13：19）是指（瑪爾谷福音十三章十九節），以下均如此。有時引文不只一節，則以第一節為代表。

子看見，瘸子行走，癩病人得了潔淨，聾子聽見，死人復活，窮苦人得了喜訊。」（瑪11：5）他又說：「如果我仗賴上帝的神驅魔，那麼上帝的國已來到你們中間了⑤」（瑪12：28）。

耶穌所行的種種奇蹟，他對罪人、流浪漢、妓女的態度，他震撼聽眾心靈的那些話語，在在都提供了標記與例證。他的目的並非改善世界、革新世人及其組織，而是要向一切聽到他與看到他的人指出：上帝的國臨近了。

他生活於「兩個世代」之間的短暫時刻，生活於現實世界與上帝的國之間。

耶穌預言未來會發生的事。但他並不只是把消息告訴怠惰的群眾。他的信息傳給人，讓人在這種情況下面對一個抉擇。他的信息是：「時期已滿，上帝的國臨近了；你們悔改，信從福音吧！」（谷1：15）「悔改，作補贖吧」是答案，它所針對的問題是：世界若是即將結束，我們該做些什麼？哪些事情才是有意義的？

天國並不表示一切人共享永福。每一個人都要面對「我在大難中會變成什麼」的問題，因為世界末日就是審判，人將被上帝接受或拒絕。「那時，兩個人同在田間，一個被提去，一個卻被遺棄」（瑪24：40）。

世界末日與最後審判尚未來到，但隨時可能來到。就像閃電從東方發出，直照到西方；像夜裡的小偷，讓人防不勝防；像主人在僕人疏忽時，突然回來。「至於那日子和那時

刻，除父一個外，誰也不知道，連天上的天使都不知道」
（瑪24：36）。

②耶穌自稱「人子」，所根據的是先知達尼爾（Daniel，其
　活動在600-500B.C.之間）的話。在（達7：13）有「我仍在
　夜間的神視中觀望：看見一位相似人子者，乘著天上的
　雲彩而來，走向萬古常存者，遂即被引到他面前。他便
　賜給似人子者統治權、尊榮和國度，各民族、各邦國及
　各異語人民都要侍奉他；他的王權是永遠的王權，永存
　不替，他的國度永不滅亡。」耶穌常自稱「人子」，是
　要表示他負有救世主「彌賽亞」的使命。至於達尼爾所
　預言的，皆須由宗教的超越角度去理解，而不應以為耶
　穌想要獲取世俗的權力。有關「人子」的處境，耶穌說
　過一句話最有代表性：「狐狸有穴，天上的飛鳥有巢，
　但是人子卻沒有枕頭的地方。」（瑪8：20）
③「神貧」是指在精神上甘於貧窮的生活，亦即不論貧富
　皆不以為意。這出自著名的「真福八端」，其內容為：
　「神貧的人是有福的，因為天國是他們的。哀慟的人是
　有福的，因為他們要受安慰。溫良的人是有福的，因為
　他們要承受土地。飢渴慕義的人是有福的，因為他們要
　得飽飫。憐憫人的人是有福的，因為他們要受憐憫。心
　裡潔淨的人是有福的，因為他們要看見上帝。締造和平
　的人是有福的，因為他們要稱為上帝的子女。為義而受
　迫害的人是有福的，因為天國是他們的。」（瑪5：3）

耶穌告訴人們隨時將自己預備好：「所以你們要醒寤，因為你們不知道：在哪一天你們的主人要來……不要讓他在回來時發現你們睡著了。」（瑪24：42）醒寤——而且等待。因為人對於天國的來臨無能為力。它會依照上帝的旨意而突然來臨。就像農夫等待收成，人也同樣等待天國。他讓人傳揚這個信息，向世人宣布世界末日與福音，希望人人都能夠得救。

（二）規範：耶穌在告訴人應該做些什麼時，並未提出一套自成體系的倫理學——可以使人在現實世界的結構與秩序中得到成全。相反地，道德訓令只能訴諸上帝的意志來評斷，看它們是否助人預備天國與末日的來臨。

世界萬物完全失去自身的價值。「世界只是一座橋；越過它，不要在它上面建造你們的屋子。」世界原是上帝所造，因此它本身不應受到譴責。耶穌喜愛大自然，就像後來亞西西的方濟（Franz von Assisi）一樣⑥。他接受人倫秩序，強調其命令不可輕棄。婚姻關係不可休廢：「凡上帝所結合的，人不可拆散。」（瑪19：6）；人也不應反叛政治當局的權威：「凱撒的，就應歸還凱撒；上帝的，就應歸還上帝。」（瑪22：21）但是在天國的光明照耀之下，俗世一切瀕於虛無。家庭血緣關係、法律與文化，統統失去意義。耶穌的母親與兄弟等著見他，他竟說：「不拘誰遵行我在天之父的意旨，他就是我的兄弟、姊妹和母親。」（瑪12：50）俗世財物反而成為阻礙；他對一位遵守誡律而自知尚未成全

的年輕人說：變賣你所有的，施捨給窮人（瑪19：21）。

---

④「施洗者約翰」在約旦河畔為群眾施行洗禮，要求人們
悔改。他應驗的是先知依撒意亞所說的：「看，我派遣
我的使者在你面前，預備你的道路。曠野中有呼號者的
聲音：你們當預備上主的道路，修直他的途徑。」（依
40：3）他的使命是前導者，所以想確定耶穌是不是「要
來的那一位」。耶穌在回答時，接著以「厄里亞」比喻
約翰，因為先知預言在彌賽亞來臨時，厄里亞將會先為
他預備道路。

⑤「上帝的國」或「天國」，是指先知所預言彌賽亞要建
立的神國。這個國家的來源與目的都是屬於上天的；它
又稱「基督的國」，因為是耶穌所宣講及建立的。「耶
穌」一名即為「救主」。耶穌誕生之前就有天使指示要
為他取名「耶穌」，「因為他要把自己的民族，由他們
的罪惡中拯救出來。」（瑪1：21）至於「基督」一名，
原為希臘文，在希伯來文作「彌賽亞」，意即「受傳
者」（受傳油祝聖，以承擔某項使命者），以表示他的
職位與使命。耶穌多次承認自己是彌賽亞。他的門徒彼
得說：「你是彌賽亞，永生上帝之子。」耶穌立他為教
會的磐石。（瑪16：16）大司祭蓋法審問耶穌時，問他：
「我因生活的上帝，起誓命你告訴我們，你是不是彌賽
亞，上帝之子？」耶穌說：「你說的是。」（瑪26：63）
由此可知，耶穌即是基督，後來信徒合稱其名為「耶穌
基督」，並且基督即是彌賽亞，所指皆為救世主。

世間萬物都是注定要幻滅的。「你們中誰能運用思慮，使自己的壽數增加片刻呢？」（瑪6：27）世界並不值得我們關懷。「不要為你們的生命憂慮吃什麼或喝什麼。」（瑪6：31）「不要為明天憂慮，因為明天有明天的憂慮。」（瑪6：34）只有在天國的東西才是重要的：「你們不要在地上為自己積蓄財寶，因為在地上有蟲蛀，有銹蝕……但該在天上為自己積蓄財寶。」（瑪6：19）

這一件重要的東西是什麼？每一個人都面臨恐怖的抉擇：被天國接納，或者被天國排拒；不是上帝，就是魔鬼；不是天使，就是惡靈；不是善，就是惡。這事完全看一個人的決定；要走哪一條路？魚與熊掌不可得兼：「若你的右手使你跌倒，砍下它來，從你身上扔掉，因為喪失你一個肢體，比你全身投入地獄裡，為你更好。」（瑪5：30）「沒有人能事奉兩個主人……你們不能事奉上帝而又事奉錢財。」（瑪6：24）沒有中立或妥協的餘地，要就全有，否則全無。只有一條誡命，追隨上帝，然後進入祂的永恆國度。

耶穌身為猶太人，就像傳統的猶太人一樣，以服從上帝為生活規範。但是以外在而有形的方式去服從明確的法律，是不夠的；人必須全心全意地服從。因為先知耶勒米亞（Jeremias）說過：上帝將法律寫在人的心中⑦。

然而，上帝的意願是什麼？凡人的思想只能了解一些明確規則，因此需要指示與訓令。他可以詢問上帝：你的意願

是什麼？當耶穌宣布上帝的意願時，我們對他的極端說法感到震驚：因為那是人間無法做得到的。這些誡律說明了將會在天國實現的事：「你們要成全，就像你們在天之父一樣的成全。」（瑪5：48）這些誡律的宣示對象是那些只認識上帝與鄰人，而且行事有如世界不存在、有如現實世界根本不存在一樣的人。這些誡律認定了人在此世不再處於任何有限處境，不再負有塑造與完成世界的使命；這些是為聖人、為天國子民設下的誡律：「我卻對你們說：不要抵抗惡人；而且，若有人掌擊你的右頰，你把另一面也轉給他。那願與你爭訟，拿你內衣的，你連外衣也讓給他……求你的，就給他；願向你借貸的，你不要拒絕」（瑪5：39）。

　　根本上，這些誡律所要求的不是外在行為，而是穿透到位居一切行為之前的內在靈魂。靈魂必須純潔。縱使在靈魂

------

⑥ 亞西西的方濟（1182-1226）拋棄世俗財富，堅守貧窮、貞潔、服從三項神職人員的要求。他所創立的方濟會，成為天主教內的重要修會之一。他對自然界的純真摯愛，視飛禽走獸如兄弟姊妹，最為人所樂道。現任教宗（二〇一三年即位）取名「方濟」，即以他為表率。

⑦ 耶勒米亞是猶大國的先知，他於西元前六二六年蒙召為先知。他轉述上帝的話：「我要將我的法律放在他們的肺腑裡，寫在他們的心頭上。」（耶31：33）這是上帝與以色列人立的盟約，表示上帝對他的選民不會永遠拋棄不顧。

的祕密深處，也要謹慎預防邪惡的種子：「凡注視婦女，有意貪戀她的，他已在心裡姦淫了她。」⑧（瑪5：28）

耶穌所要求的是一種存在方式，而不只是這種存在方式所外顯的行為。他所要求的是不能被意願、但卻是一切意願的根源之物。它一旦出現，世間任何力量都不能抹煞它。「不是入於口的，使人汙穢；而是出於口的，才使人汙穢。」（瑪15：11）

上帝的旨意是天國的生命——要像天國已經臨現人間一樣生活；這樣才能使此世的生命成為天國的標記以及天國即將來臨的徵兆。

耶穌所定的規範不應該被當作一套指示現世行為的命令。基本原理的唯一來源是天國的觀念；耶穌以聖經的語調說出這一原理：你應該愛主，你的上帝……並且愛你的鄰人就像愛你自己一樣。這些誡命是傳統猶太教的一部分。「你應全心、全靈、全意愛上主你的上帝」（瑪22：37）。「你應當愛近人，如你自己」（瑪22：39）⑨。「上主所要求你們的，難道不是行事正義、渴慕仁慈、謙虛地與上帝同行嗎？」這些訓令毫無新奇之處；他在這些地方不用「我卻對你們說」來表示他與傳統信仰的分歧。他把傳統戒律帶入天國，明白宣布天國來臨的標記就是愛。

獨居避世，契求與上帝冥合，並不是愛的表示。憑著個人的力量是進不了天國的。他必須與近人合作才有希望。愛上帝的人也愛近人。人間的生命由愛來成全，愛是天國的標

記。

　　上帝對人的愛以及人對近人的愛是不可分離的。我們只有在愛人時，才能體認上帝的愛。上帝的愛引發人與人之間的愛。不愛的話，就會被上帝拒絕。

　　當愛成為無私忘我與不受俗世拘限時，就已經是天國的體現了。它是無限的、絕對的。耶穌據此提出異於舊約的新戒律：要愛仇人，要以德報怨：「應愛你們的仇人，善待惱恨你們的人；應祝福詛咒你們的人，為毀謗你們的人祈禱。」（路6：27）

　　這樣的愛並不是一種沒有對象的普遍感情；它是對我的近人的愛。然則誰是我的近人？所謂近人，並不是指我的親戚故舊，而是指一切在時空上與我接近並且需要我的人。這一點可以由「慈善的撒瑪黎雅人」⑩的故事得到說明。有一個人從耶路撒冷出來，半途遇強盜襲擊躺在路邊半死半活。一個司祭走過，一個肋未人也同樣走過。然後走來一個撒瑪

---

⑧基督宗教要求他的信徒在「起心動念」時立即修練，否則視同犯了此罪。這種嚴格而絕對的要求使許多信徒產生心理負擔。影響所及，才會有心理學家認為「許多人因為先有了罪惡感，才去犯罪。」

⑨耶穌所謂的「近人」，是指所有在你身邊出現，可以與你來往及互相幫助的人。因此，它包括所有的人，不分種族與宗教。最著名的有關「近人」的解釋，即是「慈善的撒瑪黎雅人」的比喻。

黎雅人（這一族人在耶路撒冷備受歧視），憐憫他、照顧他。「你以為這三個人中，誰是那遭遇強盜者的近人呢？」（路10：36）這種愛排除了一切自大自傲的性格。「誰若願意在你們中為首，就當做你們的奴僕」（瑪20：27）；「凡高舉自己的，必被貶抑。」（路14：11）人應該全心追隨耶穌，聽從他的召喚：「誰愛父親或母親超過我，不配是我的：……誰不背起自己的十字架跟隨我，不配是我的」（瑪10：37）。

這種完美的愛正是天國的標記，但它不能靠服從法律或追求任何計畫與目的而得以成就。耶穌反對法律主義，理由不是因為他蔑視法律，而是因為他要尋求法律的本源並且成全法律的基本理想（瑪5：17）。他接受舊約的傳統法律，認為它是自明為真的。他在原則上並不向聖保羅（St. Paulus）那樣反對它⑪。但是，成全法律，遠不如服從上帝來得重要：「安息日是為人立的，並不是人為了安息日。」（谷2：27）遵守禮儀並無補於道德上的過失：「所以你若在祭壇前，要獻你的禮物時，在那裡想起你的弟兄有什麼怨你的事，就把你的禮物留在那裡，留在祭壇前，先去與你的弟兄和好，然後再來獻你的禮物。」（瑪5：23）耶穌對那些遵守法律而喪失內在信仰的人說：「真好啊！你們為拘守你們的傳授，竟廢棄了上帝的誡命」（谷7：9）。他又提醒民眾防範經師⑫，因為他們「喜歡穿上長袍遊行，在街市上受人請安，在會堂裡坐上座……他們吞沒了寡婦的家產，而

⑩ 猶太人與撒瑪黎雅人不和的原因，可以推至西元前七二二年亞述滅亡以色列王國時，撒瑪黎雅地區成為各民族雜居之處，信奉混合的宗教。這兩族人互相排斥的情況十分明顯。譬如，耶穌首次派遣十二位門徒去傳教時，囑咐他們說：「外邦人的路，你們不要走，撒瑪黎雅人的城，你們不要進。你們寧可往以色列家迷失了的羊那裡去。」（瑪10：5）猶太人受不了耶穌的斥責時，就說：「我們說你是個撒瑪黎雅人，並附有魔鬼，豈不正對嗎？」（若8：48）當耶穌到了撒瑪黎亞地區，因口渴而向來井邊汲水的婦人要水喝時，這婦人回答說：「你既是個猶太人，怎麼向我一個撒瑪黎雅婦人要水喝呢？」（若4：7）因此，在比喻中一個猶太人受傷倒在路旁，只有一個撒瑪黎雅人出手相救，那麼，對這個猶太人來說，誰是他的近人？答案很清楚：不是同屬猶太族的司祭或肋未人，而是平常互不來往的撒瑪黎雅人。這個比喻是要說明宗教的愛應有超越性與普遍性。

⑪ 有關保羅是否反對傳統法律的問題，在《新約》的〈宗徒大事錄〉提及有人對保羅說：「他們聽說你教訓在外邦人中的一切猶太人背棄摩西，說不要給孩子行割損禮，也不要按規例行。」（宗：21：21）但事實上並非如此，保羅讓他的弟子弟茂德行割損禮。（宗16：3）（格前9：20）

⑫ 耶穌斥責經師與法利賽人的偽善與罪惡，主要是因為他們拘守法律的形式而忽略其精神。耶穌告訴民眾說：「凡他們對你們所說的，你們要行要守，但不要照他們的行為去做，因為他們只說不做。」（瑪13：3）

以長久的祈禱做為掩飾」（谷12：38）。

耶穌的自由行事是天國規範中的根本部分；他的自由並非基於法律，而是基於愛。真正的法律絕不會被愛破壞，因為愛只是緩和法律並使法律不要逾越界限。這說明了何以耶穌的許多舉動會使周圍的人不滿。他在參加婚宴時，一位婦女以珍貴的香液為他抹腳；他同意這種作法：「她在我身上原是作了一件善事。」（瑪26：10）他與妓女談話，寬恕有信心的罪人：「因為他愛得多。」

耶穌並未提出新的道德體系；他只是把聖經的規範加以精鍊，認真宣講，好像它在上帝的國中已經實現了一樣。他生活在這一規範中，無視於它在此世造成的任何後果，因為此世不久即將幻滅。

（三）信仰：耶穌的最後信息是：相信福音，要有信心。信心是進入天國的必經之途。它是救贖的先決條件，甚至本身就是救贖。

只有透過信仰，天國的來臨才得以彰顯。人看到雲，就知道快下雨了；看到無花果樹的葉子，就知道夏天近了；但是卻沒有看到天國來臨的徵兆。這即是說：他們並不相信。真正的徵兆就是耶穌本人，他的行事與他的信息。只有信仰才能讓人看到耶穌。因此：「凡不因我而絆倒的，是有福的！」（瑪11：6）

對於那些瞥見天國之光的人而言，信仰就是他們的生命。基於這一信仰，最不可思議的禮物也能得到：「只要

信，就必獲得。」「即便你們對這座山說：起來，投到海中！也必要實現。不論你們在祈禱時懇求什麼，只要信，就必獲得。」（瑪21：21）耶穌治癒病人，但是他的成功是因為病人的信心：「你的信德救了你」（瑪9：22）。耶穌治病時所作的建議，與世界各地的人在呼求或禁阻一件不尋常事件時所作的並無不同。只有「信」的人才能體驗這種成效，這與醫學上及心理學上的實驗非常相似。但是耶穌所作的卻不僅是行奇蹟：他還寬恕人的罪。他對癱子說：「你的罪赦了！」（瑪9：2）他說這話，是因為看到病人的信心，他治癒癱子的目的，是想讓人見到他的治療能力時，也會相信他有赦罪的權力。

相信天國的人知道上帝並不拒絕人的哀求。縱使是人，也不會拒絕急迫的求援者；父親不會把石頭給飢餓的兒子；法官會把寡婦應得的判給她。那麼，上帝當然更會傾聽世人對祂的祈禱。因此，「你們求，必要給你們；你們找，必要找著；你們敲，必要給你們開」（瑪7：7）。

這一切都是上帝賜下的禮物，人知道自己不配：「你們既做完吩咐你們的一切，仍然要說：我們是無用的僕人，我們不過做了我們應該做的事」（路17：10）。

因此，人不能與上帝計較。上帝「使太陽上升，光照惡人，也光照善人；降雨給義人，也給不義的人」（瑪5：45）。人的思想無法推測何事應該發生，也無法損傷真正的信仰。「一切在上帝都是可能的」（瑪19：26）。不論發生

任何事，上帝都知道原因；信徒面對意外的災禍或難解的事件時，也毋須怨責上帝。耶穌並非約伯（Job）。⑬

這種信仰表現於「我們的天父」這篇禱詞中（瑪6：10）⑭。其中三句話是關鍵所在：「願你的國來臨」——我們在天國中，將與上帝的意旨合一，世界與世上一切災厄都會終結。「我們的日用糧，求你今天賜給我們」——只有藉著對上帝的信仰，我們才有可能免除俗世的掛慮。「寬免我們的罪債；不要讓我們陷入誘惑」——免除罪惡是上達天國之道，並且只有上帝能夠讓人免於罪惡。

對信徒而言，上帝即是一切，有限而短暫的世界只是一個徵兆。但是上帝使田間的百合花生長；除非得祂允許，麻雀不會掉落地面；連人的頭髮也被一一數過（瑪10：30）。雖然徵兆與實體交織成一片，現世萬物的比喻性格仍然暗示了現世與天國是截然分離的。現世終將消逝，天國則永遠存在。

《聖經》肯定人與上帝的關係是信德。信德是指絕對信賴上帝的旨意。「願你的旨意奉行」（瑪6：10），就是這種信賴的表達。信德就是堅信：上帝存在、人與上帝的密切關係、上帝的愛做為祈禱的基礎，都是真確無疑的。信德是鹽，使人的整個存在新鮮不腐。但是它不能被視為理所當然之事，或經由設計而得到。它並不了解自身，它是柔弱易碎的，人為造作只會使它變質。它是恩賜，而非占得之物。「主，我信；求你在我不信時幫助我吧！」

（四）耶穌的言談方式：耶穌宣講的不是知識，而是信

仰。他的含意對於不信的人是遮蔽的，對於相信的人才會顯示，但仍不清楚說明，而是使用比喻與責難。門徒問他為何使用比喻，他說：「天國的奧祕是給你們知道的；對於其他的人，就要以比喻說出這一切」（瑪13：11）。

耶穌談話時，善於使用具體的名稱，表達可解的觀念，提出明確的戒律。若非如此，不可能形成有效的溝通，但是

---

⑬《舊約》的〈約伯傳〉大約是西元前五世紀的作品，主題是探討「善人受苦」是怎麼回事。約伯是古代東方的一位賢者，原是正直又幸福的人，後來遭遇一切可能想像的不幸。三位友人來慰問他，一起討論痛苦的緣由與目的。受苦可能是罪惡的結果，也可能是上帝用以警惕世人。但人無論如何都不可以抱怨上帝，只能懷著信心將自己委託於上帝的正義。文中談到人的卑微：「他出生像花，瞬息凋謝；疾馳如影，不得停留。這樣的人，豈配你睜眼注視一下？或傳他到你面前聽審？」（約14：2）其核心觀念是：「我赤身脫離母胎，也要赤身歸去；上主賜的，上主收回。願上主的名受到讚美。」（約1：21）

⑭耶穌親自教導的這篇禱詞很短，全文為：「我們在天的父！願你的名被尊為聖，願你的國來臨，願你的旨意承行於地，如在天上一樣！我們的日用糧，求你今天賜給我們；寬免我們的罪債，猶如我們也寬免得罪我們的人；不要讓我們陷入誘惑，但救我們免於凶惡。」

他的直接話語所表達的意義，最後總是規避了合乎理性的詮釋。

　　耶穌不太在意邏輯上的一貫性。例如，他說：「凡不與我一道的，就是反對我。」但是「誰不反對我們，就是傾向我們。」（谷9：40）或者，他一方面說：「不要抗拒惡人」（瑪5：39），另一方面又說：「我來不是為帶平安，而是帶刀劍」（瑪10：34）。只要一切東西都是徵兆，就沒有矛盾可言。他的話語並不代表一套思想體系，而是透過徵兆所展示的一個信息。

耙
天國
信仰
規范：近人．愛

# 生平

　　耶穌與母親瑪利亞、四個兄弟、幾個姊妹，長年居住在加里肋亞的納匝肋（Nazareth in Galilàa）。他曾學過手藝，或以木匠為業。幼時應該聽過經師講授《舊約》。成年後聽說施洗者約翰的宣教，這位約旦河邊的隱士聲稱天國來臨，上帝的審判近了，人應該悔改、受洗、贖罪。耶穌來到約翰那裡，接受洗禮，並往沙漠裡去了。他自沙漠歸來後，開始向民眾宣教。年約三十，他曾在會堂中講道，被人尊為拉比（經師），周遊加里肋亞各區，召收門徒，宣講世界末日與天國來臨，人們逐漸知道他能行奇蹟，治癒病人、驅逐魔鬼、喚醒死者。他要求人們擺脫世俗牽絆，專務於上帝旨意與愛的規範。朋友們視他為瘋子（谷3：21）。

　　他的宣教生涯大約持續了幾個月，頂多不超過三年。只有最後數日的經歷，包括「受難始末」（30或33A.D.）⑮，

---

⑮ 有關耶穌的年代，由於他只活了三十三歲，所以有兩種說法可供參考，一是以他為西元的起點（1-30A.D.），二是（4B.C.-29A.D.）。以耶穌的年代為歷史紀年，始自西元七三一年，英國學者彼得（Peter）編纂《英國人的教會史》一書。於是「西元前」為"Before Christ"簡稱"B.C."；「西元後」為"Anno Domini"（此為拉丁文，意即「上帝之年」）簡稱"A.D."。

曾有文獻詳細記載；其中主要事件有：前往耶路撒冷、清除聖殿、最後晚餐、山園苦禱、被出賣及被捕、聽證、公議會審判、總督比拉多判決、被釘死亡與埋葬。

問題是：耶穌為何前往耶路撒冷？當時有一大群人跟隨他，形成群眾運動。他進入耶城時，顯然是當時引人注意的事件。權威當局想起曾經發生的暴亂與武力鎮壓。事實上，耶穌對於政治權力從未表露任何欲望。然而，當時的氣氛讓人以為耶穌意圖促成某種決定。什麼決定呢？一種說法是他相信期待中的天國隨時可能降臨，因此想在猶太聖城耶路撒冷的逾越節慶典上公然宣教⑯，讓更多的靈魂聆聽福音、獲得救贖。另一種說法是：耶穌眼見世界一直還不結束，人們又還未認出他就是依撒意亞先知所說的上帝僕人⑰，因此轉而相信上帝要他殉道，死在俗世權威之手，然後藉此成為天國的前導。有人指出，耶穌身懸十字架時還在期待天國及時降臨，最後只好失望悲嘆：「我的上帝，我的上帝，你為什麼捨棄了我？」（谷15：34）但是這些說法只是猜測之辭而已。我們可以確知的只是：耶穌前往耶路撒冷，在那兒宣教，然後在他四周形成一股群眾勢力。

他的行事並非毫不經過考慮：他並非盲目走向他的命運。他曾勸勉門徒保持明智：「我派遣你們好像羊進入狼群中，所以你們要機警如同蛇，純樸如同鴿子」（瑪10：16）。更清楚的話是：「你們不要把聖物給狗，也不要把你們的珠寶放在豬前，怕牠們用腳踐踏了珠寶，而又轉過來咬

傷你們。」（瑪7：6）他在周遊加里肋亞時，盡量保持行動隱密，以免分封侯黑洛德找到藉口將他毀滅。在耶路撒冷時，他也謹慎地避開陷阱。有些人想要討好羅馬人或猶太人，試探地問他是否應該納稅，他機智地指著稅幣的圖像說：「凱撒的，就應歸還凱撒；上帝的，就應歸還上帝」（瑪22：21）。行政當局不敢在白天逮捕他，因為四周都是群眾；晚上搜尋他時，他又隱匿在不同的地方。他似乎尚未決定萬一被捕時要怎麼辦，是否應該抵抗；無論如何，他的門徒是拿不定主意的。他要他們先買好劍。但是到了被捕時

⑯「逾越節」是為紀念摩西率領猶太人離開埃及的事蹟。摩西為了說服法老王讓猶太人離開，奉上帝之名降下十災，第十災即是埃及地區所有的長子皆要死亡。猶太人在門楣上塗上羔羊的血，即可倖免。逾越節紀念上帝藉羔羊的血，「越過」猶太人的家，並拯救他們出離埃及，擺脫奴隸的命運。（出12：11）古代猶太人傳說：彌賽亞將在逾越節夜裡來拯救他的子民。因此這個節慶演變成猶太人愛國運動的節日。

⑰依撒意亞有四首歌詠「上主僕人」的詩歌（依42：1；49：1；50：4；52：13）這位僕人應是指彌賽亞。詩歌預告僕人有艱鉅的任務，並在受盡痛苦折磨之後完成使命。「因為他為了承擔大眾的罪過，作罪犯的中保，犧牲了自己的性命，至於死亡，被列於罪犯之中。」（依53：12）

又毫不抵抗。當宗徒之一拔劍對付大司祭的僕人,削下對方一隻耳朵時,他又不表贊同,要人心平氣和(瑪22:51)。

他在耶路撒冷的行動是完全公開的。進城的過程一定事先預備過了。他憑藉自身在猶太團體的地位,驅逐聖殿內的商人。在公議會眼中,他是反對猶太教神權統治的叛徒,又是褻瀆神明的人。羅馬人則懷疑他有政治野心。耶穌本人則避免說明自己究竟想做什麼。據《福音》所載,他到最後才提出說明。大司祭問他是不是基督,他回答:「我是」(谷14:62)。比拉多問他:「你是猶太人的君王嗎?」他回答:「你說的是」(谷15:2)。根據十字架上的罪狀(若19:19)⑱,他的判決理由是企圖奪取王位。

假使耶穌不是一位積極主動的政治領袖(像所謂的狂熱派信徒);假使他無意發動社會革命;假使他僅僅做為一位信徒,靜候上帝行動,而不去催迫上帝作決定;假使他根本不想擴張勢力,而全心服從上帝旨意;那麼,他的行為就很難讓人了解了。因為他曾訴諸強力(清除聖殿、引發群眾運動),結果反而讓暴力加於自己身上。他所受的苦,正是自己作為的後果。這其中隱含的一種戰鬥性,也明確顯示在他人格的其他方面。

耶穌對自己的看法其實並不清晰,他在宣教時,一定明白自己所是的、所見的與所圖的,這些與其他人所了解的頗有差距。群眾熱切地追隨他;他們自以為需要他。他無法阻止別人依從他,把他推崇得遠遠超過他的本身。但是他的自

我形象之發展過程，仍不夠清晰，他的話語所顯示的矛盾之處，告訴我們確實有過此一發展，而且此一發展或許從未抵達完成階段。我們且聽聽他的一些說法：

當他使用「我來是要……」「但是我告訴你們……」之類的口語時，心中必然想到自己的使命。耶穌以光與火來比喻自己時，清楚表示他相信自己是不平凡的：「我來是為把火投在地上」（路12：49）。對於那些長期認識他而不重視他的人，他抱怨說：「先知除了在自己的本鄉、本族和本家外，是沒有不受尊敬的」（谷6：4）。

他對他們的無信心以及自己無法在他們之中行奇蹟，感覺十分詫異。

他當然相信自己是受召宣教的。他自視為先知，也許最後認為自己是彌賽亞（Messias）。這種自我形象不可避免地受到當時的預言觀念所影響：從大衛（Davids）之家將產生現世的與神聖的「君王」⑲，統治人間的最後時日；達尼爾（Daniels）預言在世界末日時，天使將顯現為「人之子」⑳；依撒意亞預言上帝的僕人將是受難、死亡與復活的救世

---

⑱耶穌被釘死在十字架上時，羅馬總督比拉多命人寫一牌子，放在十字架上端，寫的是「納匝肋人耶穌、猶太人的君王」（簡寫為 INRI，這四個字母分別代表：耶穌、納匝肋人、君王、猶太人）。這表示耶穌是受控想對羅馬人革命，使猶太人獨立建國。只有這種羅織為政治謀反的罪名，才會受到這麼可怕的刑罰。

主。耶穌屢次自稱為「人子」。「狐狸有穴，天上的飛鳥有巢，但是人子卻沒有枕頭的地方」（瑪8：20）。雖然他的控訴者無疑誤解了他的意圖，然而他在耶路撒冷的某些行動使人更加懷疑他覬覦王位。

耶穌是否確信自己是彌賽亞及基督呢？一方面，他不希望被人說是彌賽亞，同時也禁止那些附魔的人稱他為大衛之子。他不准門徒告訴任何人他是耶穌基督。但是另一方面，他對門徒說：「你們說我是誰？」西滿・彼得回答說：「你是基督，永生上帝之子。」耶穌回答他說：「約納的兒子西滿，你是有福的，因為不是肉和血啟示了你，而是我在天之父」（瑪16：17）。耶穌有些話顯示一種神學的意味，聽來不太真切。例如：「我父將一切交給了我；除了父外，沒有人認識子；除了子和子所願啟示的人外，也沒有人認識父」（瑪11：27）。但是，像「你為什麼稱我善呢？除了上帝一個外，沒有誰是善的」（路10：18）。這句話就不是基督徒能夠發明的；這些一定是耶穌親口所說的話。

總而言之，耶穌的話並未提供一個毫無歧義的答案。他無意從事教條式的敘述，並且對於他個人的本性也顯然不曾明確論斷。這個問題本身似乎就是教條方面的偏見所造成的錯誤。

〈福音〉所載耶穌生平的某些事蹟與說法，曾被歷史批判論指出是從《舊約》移植過來的。但是另外還有許多個別事件，就不是批判法所能檢證的。

例如，有人主張：花園苦禱的故事不可能得自目擊者的

陳述（因為別人怎麼可能觀察他內心的徬徨，看出他與自身的軟弱在掙扎之中？）；因此，它只是一個虛構，為了符合《舊約》所載的上帝旨意。同時，耶穌的最後話語：「我的上主，我的上主！你為什麼捨棄了我？」（瑪27：46）也被人以同樣方式來解釋。一種說法是：耶穌死後，基督徒根據《舊約》的記載，相信耶穌曾經絕望、悲嘆，然後在祈禱時獲得安慰。因此，他的最後話語「並非一個絕望者的哀號，而是重述《聖詠》第二十二篇的開始㉑；以這句話祈禱的人不是上帝的叛徒，而是生死如一、安息於上帝懷中的人。」

（我們很難相信在這些感人的事蹟背後，沒有一個真實的人格。耶穌其人在他純淨的靈魂中，也在他與無法預料的事件之奮鬥中，顯示了自己。他的奮鬥並未歸結於完備的自我意識或教條中。面對難以預期的恐怖，面對達到高峰的失望，他所僅存的只是一句禱文：願你的旨意奉行於地上。）

---

⑲ 大衛（David）即是打敗巨人高利亞而成為猶太人的英雄。他於西元前一〇〇四年封王，建立以色列國。其子所羅門（Solomon）繼位後，建聖城耶路撒冷，奉置約櫃。到西元前九三三年分裂為二，北方為以色列國，南方為猶大國。

⑳ 達尼爾先知有關「人子」的預告，參看注②。達尼爾多次描述顯現的天使為「像人子的」，參看（達10：16）。

㉑ 〈聖詠集〉第二十二篇描述彌賽亞的受難與效果，一開頭即是「我的上主，我4的上主，你為什麼捨棄了我？你又為什麼遠離我的懇求和我的哀號？」（詠22：1）

# 人格

　　要說耶穌不是什麼，反而較為容易。他不是按部就班從事反省，並以系統方式組織觀念的哲學家。他不是擬訂計畫的社會改革者；因為他讓世界一仍其舊，畢竟世界即將毀滅。他不是想要推翻舊邦、重建新國的政治領袖；他對當時發生的事件不置一詞；他不曾設定新的禮儀，因為他也像初期基督徒一樣，參加猶太教禮儀；他不曾給人付洗，也不曾建構任何組織、任何制度或任何教會。那麼，他是什麼呢？

　　我們可以用三種方式來了解耶穌的性格：我們可以從心理學的角度，就他個人的情況來認識他；或者從歷史的角度，由更廣的文化脈絡來認識他；或者就由他的觀念來辨認他的基本性格。

　　（一）幾種可能的心理學角度：尼采（Nietzsche, 1844-1900）㉒在《反基督徒》一書形容耶穌屬於一種極端過敏的心理學類型，總是傾向於受苦與恐懼。現實世界是他無法忍受的，因此他只能把它當作比喻或徵兆。他生存其中的世界不是真實的，而是一個充滿模糊不清的符號象徵之世界。

　　自然的死亡對耶穌來講也不是真實的，它不是一座橋，也不是一個轉變。他也只是功利的塵世間虛假的一個象徵而已。

他無法忍受敵意、反對及具體事物的阻礙。尼采認為，這一點說明了何以他不與世界鬥爭，並且「不要抵抗惡人」（瑪5：39）一語是了解《福音》的關鍵。在這句話中，耶穌個人對爭鬥之無能，被立為一項倫理原則。耶穌不遷怒於人，也不藐視任何人；他不為自己的權力辯護，也從未訴諸法律程序，不願捲入訴訟事件（符合不要發誓的要求）。他向極端份子挑戰，但是對那些傷害他的人，依然能夠忍耐，不會完全拒絕他們，讓他們感到要負責任。他愛他們。

耶穌不否定任何東西。他不否定戰爭、工作、社會，以及這個世界。對他來說，這種否定幾乎是不可能的。他並未反抗什麼。因為在他看來對立面並不存在。他富於同情心，對那些沒有與他一起信仰上帝的人的盲目無知感到悲傷，但是他並沒有對此提出異議。

唯一真實的是內在世界，亦即所謂的生命、真理、光明。上帝的國是一種心理學上的狀態。它不由企盼而得，卻遍在各地又無跡可求。它是一種幸福狀態，連奇蹟與《聖經》都無法明指其意；它並不給人許諾或報償；它是自身的證據、自身的奇蹟與報償。它的證據是內在的光明、快樂與

---

㉒尼采，德國哲學家，出生於新教牧師家庭，但後來成為無神論者。他的名言之一是「上帝已死」，意在指出基督徒淪於偽善，腐蝕了西方傳統的價值觀。健全的人生應該重新安立其價值基礎，以走向「超人」為其目標。

自足的感受。問題是：我該如何生活，才能感覺自己是在天堂、是永遠聖潔的、是上帝的子女？因為這種幸福感是唯一存在的真實之物。

耶穌並非英雄或天才；他的性格更近似愚者（尼采的用意顯然極為接近杜斯妥也夫斯基〔Dostojewskijs, 1821-81〕所謂的「白癡」㉓）。在尼采看來，宣布「山中聖訓」與「真福八端」的耶穌，完全與熱中爭鬥及做為經師死對頭的耶穌不能相容。結果，尼采根據自己的耶穌圖像，把《福音》中不能相應的部分歸咎於初期好鬥的基督徒的偽造。

我懷疑是否有人會相信尼采的解釋。耶穌的整個人格是不能在亞西西的方濟身上看到的。的確，這些特質可以從《福音》中挑選出來。但是別的特質怎麼辦呢？在《福音》中，耶穌就像一種原始的勢力，有時咄咄逼人，有時良善心謙。

「他怒目注視他們」，「他抨擊那人」，「他斥責那人」，「他恐嚇那人」。他在一棵無花果樹上找不到果子，就詛咒說：不再有人會吃到這樹上的果子。凡是不肯奉行天父旨意的人，耶穌在最後審判時也要否認他們：我從來不認識你們，你們離開我吧！他們「被驅逐到外邊黑暗裡；那裡要有哀號和切齒」（瑪8：12）。「誰若在人前否認我，我在我天上的父前也必否認他。你們不要以為我來，是為把平安帶到地上；我來不是為帶平安，而是帶刀劍。因為我來，是為叫人脫離自己的父親，女兒脫離自己的母親」（瑪10：

33）。他痛斥不肯悔改的城市：「苛辣匝因，你是有禍的！貝特賽達，你是有禍的！在審判的日子，提洛和漆冬所受的懲罰也要比你們容易忍受」（瑪11：21）。當彼得聽到人子將備受苦難，遭人殺害，並再度復活時，立刻勸阻耶穌；耶穌卻嚴詞指斥：「撒旦，退到我後面去！……你所體會的，不是上帝的事，而是人的事」（瑪16：23）。他曾拿著鞭子，粗暴地驅逐聖殿內換錢的商人（瑪21：12）。

我們絕對不能把耶穌單單說成是被動的、柔順的、經常被愛感動的人，更不能把他說成是無助的神經衰弱症患者。

耶穌同時具備溫和與剛強雙重性格；這種性格在他要求世人表現信德時所說的話中明白顯示。他可以說：「我的軛是柔和的，我的擔子是輕鬆的。」但是他也要求人立刻追隨他，毫不遲疑與毫無保留。一個年輕人想先回去埋葬他的父親，耶穌專斷地說：「你跟隨我吧！任憑死人去埋葬他們的死人！」（瑪8：22）他引用依撒意亞的話詛咒不信的人：「你們聽是聽，但不了解；因為這百姓的心遲鈍了」（依6：9）。他稱謝上帝，因為祂將真理瞞住了智慧和明達的

---

㉓杜斯妥也夫斯基，俄國小說家。他於年輕時參加社會抗爭被判死刑，後來在刑場臨時得到沙皇特赦。此一經歷使他在心靈中重生，自此關注人生的根本問題。他的小說經常省思兩個問題：如果沒有上帝，人為何不能為所欲為？如果沒有靈魂不死，人為何要有道德？

人，而啟示給小孩子。

我們很想知道耶穌的長相。艾斯勒（Eisler）在斯拉夫文約瑟夫翻譯文獻（Josephus-Übersetzung）中，找到了對耶穌的描述：耶穌身材矮小，皮膚深色，臉形偏長，雙眉緊靠，他並未像納西瑞人（Nasiräer）那樣把稀鬆的頭髮分梳，他的鬍子也不密──儘管這一描述十分古老，但做為歷史的報導仍然值得懷疑。這在古典時期是一般的對相貌的杜撰，它是耶穌的各種差異甚大的相貌描述中最古老的一種。此外，林布蘭（Rembrandts）所繪製的耶穌形相特別值得注意，它描繪出在猶太區成長的耶穌的容貌，他顯得神奇而深刻，身體強健而溫和平靜，充滿智慧而寬容大度。它所展示的是純粹的心靈世界。

（二）歷史的角度：耶穌的年代屬於近古，接近希臘化時代羅馬世界的邊緣。處在這個光輝的時代，他的生平並不出色，幾乎不曾受到外在世界的注意。在一個講求現實理性、獨尊權力的世界裡，這個從不計較實效的人又能佔有什麼地位呢？從現實世界的觀點看來，他的生命是一大錯誤，注定了要失敗。

比起古代的猶太教先知，他顯得較為沉思、含混與躁動。但是放在希臘化的羅馬世界裡，他又創發了新的開始。有些人想把耶穌說成是當時宗教上或政治上的狂熱份子之一。他曾被人當作是盛行於近東地區的默示派運動之一；當作是埃塞尼斯（Essenern）之類以禁欲與博愛追求救贖的教派

之一；或者當作是主張彌賽亞將復興以色列帝國的革命運動之一；他曾被人算作是柴爾蘇士（Celsus）所說的遊方先知之一，走遍城市、廟宇、軍營，到處行乞、相命，宣稱是上帝派來救人的，並詛咒那些不承認他的人；他還被人看作是技工之一，與貝都因人流浪於沙漠地區，過著赤貧但無慮的生活，從不參與任何戰鬥，但是卻照顧雙方的傷患，和平共存於各派戰士之間。

耶穌與上述各類人物之間也許有著共同之處。他們生命的某些方面與思想模式提供了耶穌一個可能實行的框架。但是我們認清這一點之後，立刻就發現耶穌其實粉碎了這個框架，因為後者的意義、來源及尊嚴，與耶穌本人的性格完全相異。他所顯露的廣度與深度是其他人未曾或聞的。從前那些自稱彌賽亞的人都被處決了，也被遺忘了；一旦他們失敗，追隨的人就不再相信他們。宗教上的狂熱份子只知執著於個別目標與外在事物。這些不同的類型如果能夠幫助我們認識耶穌的話，則我們可以說耶穌不屬於其中任何一種類型。

有人指出耶穌的宣教毫無新見；也許這是對的，他接受當時一般人的知識，探討傳統的觀念。他所衷心愛慕的上帝是猶太教的上帝。他從未想要放棄猶太教信仰。他像古代先知一樣，生活於這個信仰中；只是他反對經師所設定的僵化形式與教條。從歷史觀點看來，他是最後一位猶太教先知。他時常公開引述古代先知的話。

然而，世界轉變了，耶穌與古代先知也有相異之處，古代先知生活於獨立的猶太國家，見證了它的衰敗與覆亡。耶穌則生活在長期安定、但在政治上不獨立的猶太教神權統治下。從猶太人擁有獨立政治主權的時代到耶路撒冷被毀、人民離散的時代，前後五個世紀之久；其間出現了最熱切的〈聖詠集〉、〈訓道篇〉與〈約伯傳〉，耶穌的一生志業與此類似；猶太教當局逐出耶穌，就像古代君王逐出先知一樣。離散後的法典派猶太人接受古代先知為經典之一，無法再容納耶穌，因為當時的異派教徒已經在他四周建立起一個世界宗教。

　　從歷史角度看來，耶穌對上帝的信仰是猶太人《聖經》宗教的偉大產品之一。耶穌的上帝或《聖經》裡的上帝，已經不再是雅威（Jahue）所源出的東方神祇之一㉔。上帝逐漸摒除了東方式的殘酷與嗜求祭品；這泰半要歸因於先知們提出更深刻的祭祀觀念，以及耶穌最後所下的斷語。這一位上帝與宏偉的神話角色不同；後者就像雅典娜（Athene）、阿波羅（Apollo）諸神一般㉕，只是把人類的原始生命力化為象徵、提煉昇華、導入形象。祂是無形無象的「至一」。然而，祂並不是宇宙動力而已；祂不是希臘哲學所說的世界理性，而是一位主動積極的人格，祂也不是莫測高深的存有，只能讓人在沉思冥想中與祂密契合一；祂是絕對的「另一位」（Andere）㉖，可信而不可見。祂是絕對的超越者，先於世界並且外於世界；祂還是世界的創造者。當祂與世界及

人類產生關係時，祂是意志：「祂一說，事情就成了；祂一命令，就永不更改。」人們無法測度祂的決定，只能毫無保留地相信祂與服從祂。祂是判官，看透人心最隱密的思想；人們在祂跟前將要清算一切善惡。祂是仁慈的與寬恕的父親；當祂臨現時，人們知道自己是上帝的子女。祂嫉妒而嚴厲，但是又慈悲而憐憫。祂遙不可及，從遠處主宰一切；但是又近在眼前，在人的內心說話，告訴人祂的戒律。祂不是啞然無聲、難以捉摸的，像思辨中的太一存有；祂是生活的上帝，直接對每一個人講話。

耶穌信仰《舊約》的上帝，並且成全了古代先知的宗教。正如耶勒米亞，他是心靈純潔的猶太人，不受任何法

---

㉔「雅威」是與猶太人締約的上帝之名。摩西率猶太人離開埃及時，法老王派兵追趕，但因紅海回流而死傷慘重。猶太人高唱凱旋之歌，其中有「上主是戰士，名叫『雅威』」一語。（出15：3）由此可知雅威（又譯為「耶和華」）原是中東地區的戰神之名。

㉕在古希臘神話中，雅典娜代表戰神與智慧之神，阿波羅代表日神與光明理性。皆為天神宙斯所生。在希臘文中，「神」與「力量」出於同一字根，可見神為自然力或人間某種功能的象徵。

㉖所謂「另一位」，意指不屬於我們人類所能理解的位格範疇。此字在外文中若為大寫開頭，則指與人間萬物全然相異的、既超越又絕對的神明。

律、禮俗與祭儀的約束。他並不否定這些形式，而是將它們附屬在上帝的現存旨意下。耶穌再一次體現了先知的信德，這信德支撐他的生命就像多少世紀以來支撐了猶太人的生命一樣。

（三）基本思想：耶穌的生命似乎充滿了聖靈的光照。他在任何時刻都緊靠上帝，除了上帝與上帝的旨意，其他一切對他都毫無意義。上帝觀念不受任何情況所制約，但是祂所設下的規範卻使其他萬物屈從於各自的情況。他使人認知萬物的單純基礎。

這個信仰的本質是自由。因為這個信仰述及上帝，所以靈魂能夠由之擴張到「統攝者」之中。靈魂體驗了世間的福與禍時，自然產生覺悟。光靠有限之物或人間世界，是不足以讓他臣服的。他從誠敬的態度與不可理喻的信賴中，引發一種無限的力量：因為他在脆弱心靈的悲傷與各種情緒的圍困中，還能覺悟上帝才是一切的主宰。人藉著信仰，可以變得真正自由。

耶穌對上帝的堅定信仰，使他的靈魂進入一種難以理解的狀態。他生活於塵世，隨著時間成長，但是推動他的卻是一種深刻的世外力量；塵世絲毫不能左右他。他生活於此世，卻又超越此世。縱使在他把生命投入此世時，他也——這是無法眼見、無法指證的，但是卻隱隱浮現於他的話語中——超然獨立，不受世界局限。

這種既入世又出世的獨立性格，形成耶穌令人讚嘆的平

靜安詳。一方面，俗世之物無法引誘他執著於有限的絕對體；世間知識無法勾起他追求的野心；法令規章也無法催使他提出系統教條。他對上帝的信仰給他帶來自由，由此粉碎所有的這些誘惑。另一方面，他的生命對著世界開放，他清晰觀看一切事物，尤其是人的靈魂、內心深處，沒有東西可以隱瞞他的目光。

上帝觀念，不管以何種神祕方式，一旦穿透人的靈魂，人就會害怕失去祂，並且不計任何代價也要不讓祂消失。因此耶穌宣布：「心裡潔淨的人是有福的，因為他們要看見上帝」（瑪5：8）。

其次，《舊約》中略現端倪的思想現在明顯展示在耶穌身上了。他對上帝觀念的熱誠專注產生了極端的結果。耶穌的上帝並未具體臨現於此世——既無形象，也無聲音——但卻能夠使世間萬物毫無例外地受祂擺布。世間萬物都被帶到祂的審判寶座之前。耶穌由於堅信上帝而宣稱這一結果時，聞者無不聳然心驚。凡是讀到〈福音〉中這一信息還能怡然自適、照常生活的人，必定是個瞎子。耶穌打破世間的實際秩序。他發現秩序與習俗無不流於偽善的面貌；他直指真源，瓦解一切偽善。俗世萬物都絕對而明確地離源斷本。一切秩序以及虔敬、法律與合理習俗的制約，統統潰散了。除了追隨上帝、升進天國以外，其他一切任務——賺錢謀生、奉行法律誓約、從事正義與財產的訴求等——都變得毫無意義。死於俗世權貴之手、受苦、酷刑、凌辱、貶抑，正是所

以嘉惠信徒者。黑格爾（Hegel, 1770-1831）聲稱：「從來沒有人說過如此具有革命性的話，凡是世人認為稍有價值者，無不被他當做不足輕重、毋須念慮。」

　　由於耶穌站在世界的終局與邊緣，處於異乎尋常的境地，因此顯露出不凡的內蘊；凡是俗世標準所低估的人，像貧賤之輩、疾病患者、殘障之人，凡是從人間秩序與俗世組織中被排斥的人，都可以在耶穌身上找到希望與潛能。他展示了人的潛能，不論人處在任何境地。他指出一個地方，讓各色各樣的失敗者有家可歸。

　　耶穌朝著這個地方走出一條路；世界萬物在那兒無不黯然失色。以比喻來說，那兒是光與火；直接說來，那兒即是上帝與愛。若把它當做世間的一個地方，則它根本不是一個處所。若根據世間適用的標準來談，沒有人可能正確了解它。從世間的觀點看來，它是不可能存在之物。

　　處於現實世界，耶穌只能間接指向這個本源。他似乎要用世人以為瘋狂的話語，來指證它的可能真理。以理性的標準來看，他的行為與言論似乎都是矛盾的：一方面，要爭鬥、嚴厲、作無情的選擇；另一方面，要無限仁慈、逆來順受、憐憫被棄的人。他是勇於挑戰的武士，又是沉默寡言的受難者。

　　他對上帝的極端信心使他產生前所未有的迫切要求，想要立刻看見人間大難。從人的宇宙知識的觀點看來，這種期待是錯誤的。然而，即使世界並未結束，這種期待的基本思

想仍然有其意義。不論世界末日是在眼前或在未來，它都會投下光明與陰影，把問題帶給每一個人，要求他去抉擇。他對物質世界臨近末日的錯誤看法，使他逼促自己面對大難，因而照亮了這一真理。因為人雖然可以閉眼不看終極事物，但畢竟還是要面對它。世界不是最初的，也不是最後的；人注定要死，人類本身也不會永遠存在。在這種情況下，人只能選擇：皈依上帝或背離上帝；善或惡。耶穌提醒人注意這種毫無妥協餘地的處境。

耶穌思想中的一項內在因素是受苦，是恐怖的、無休止的苦難，最後總結於殘酷無比的死亡。他的受苦經驗是猶太人的受苦經驗。他在十字架上所說的：「我的上帝，我的上帝！你為什麼捨棄了我？」是《聖詠》第二十二篇開頭的一句話。在他的極端苦難中，這句話脫口而出。

這一篇《聖詠》是深處災禍深淵的人的心聲：「至於我，成了微蟲，失掉了人形；是人類的恥辱，受百姓的欺凌。」「我的上帝，我白天呼號，你不應允。」他無依無靠、被人棄絕，上帝卻默不作聲。然後，在沉靜與絕望中，一切都改變了：「但是你居於聖所……我們的祖先曾經依賴了你。」他為自己的不幸遭遇而呼號救援，「上主是我的牧者，我實在一無所缺。……縱使我應走過陰森的幽谷，我不怕凶險，因你與我同住。」

對無限苦難的意識引發了對上帝的確信。此一觀念的來源有三：一是全面的不幸遭遇，使人自覺像一條脆弱的蟲，

而完全忘記了自己的尊嚴與能力；二是絕對孤獨的感受，就像被眾人所遺棄，沒有任何民族或群體可以提供庇佑；三是即將失去上帝的茫然心情。人的不幸是無所逃免的。只有處在這種極限狀況中，才會產生重大的轉變，使人真心呼喊上帝。說出難以忍受的沉默心聲，大聲呼喚：你是聖潔的，求你像照顧先祖一樣，成為我的依靠。

耶穌受難的真切性在歷史上是獨一無二的。他並未以認命或承受的態度來稍稍化解痛苦與恐懼，他要直接面對它們。他注視受難的真相，並且清楚表現出來。當他被人棄絕、受難瀕於死亡之際，他僅存的一點點立足之地卻突然變成了萬有，變成了上帝。沉靜無聲、視而不見、思而不得，它終究變成了唯一真實之物。這種赤裸裸的恐怖所帶來的真實感，告訴我們：救援只能來自那完全無法觸及之物。

根據英雄主義的或斯多亞派的道德觀來看，在被遺棄的絕望者的哀告中，或者苟延殘喘靜待奇蹟的垂死者身上，是沒有「尊嚴」可言的。然而，在極端的情況下，強調尊嚴的道德觀失敗了，凍結為無關痛癢的廢話。

耶穌是這種受難力量的頂點。要想認清耶穌的本質，我們必須知道數世紀以來猶太人的本質。然而，耶穌並未消極被動地受難。他主動迎上前去，以他的苦難與死亡做為世人的標竿。他把自身的絕對性格昭示給只知重視暫時事物的世界以及俗化的教會（亦即當時猶太教會混合政教的現況）。他的存在即是勇氣，負起神聖任務宣布真理，並且自己做為

真理。這是猶太教先知的勇氣：並非為了成就偉大事功、造福後人而犧牲，而是站立在上帝之前的勇氣。在十字架上，永恆體現於時間中。十字架的傳統象徵是：人在世間經歷一切失敗之後，反而確證了真實者的存在。

猶太人的受難經驗是《舊約》宗教的要素之一，亦即各種型態的基督宗教、猶太教與伊斯蘭教的信心；這些宗教不能宣稱擁有真正的聖經宗教，但是都要靠聖經宗教來維持其存在。直接談論聖經宗教，是不可能不作危險聲明的。或許我們可以這麼說：初期基督教會與聖保羅所宣示的「基督」，並不比猶太法律或猶太教與許多基督新教的國家性格，更能做為一切聖經宗教的共同要素。共同要素是：上帝觀念以及——就耶穌體現猶太人觀念中最後一位上帝的受難僕人而言——十字架。

# 影響

耶穌的影響是無邊無際的。以下我只略提幾點。

（一）耶穌在世之時，不過影響了幾個小團體以及泛泛之輩。法利塞人、一位羅馬百夫長、少數朋友與對頭，曾經深受感動。「群眾都驚奇他的教訓，因為他教訓他們，正像有權威的人，不像他們的經師」（瑪7：29）。但是同時，耶穌對於自己講道的結果頗為失望。

耶穌究竟對誰宣教呢？基本上，他向所有遇到的人宣教。重要的是內在啟蒙，使信徒能夠看到、能夠去愛。但是他主要的施教對象是窮人、被遺棄的人與罪人，因為這些人靈魂破碎，正可以接受新的信仰。「不是健康的人需要醫生，而是有病的人；我不是來召義人，而是來召罪人」（瑪9：12）。「稅吏和娼妓要在你們之前進入天國」（瑪21：31）。離他最遠的是那些生活舒適安全、擁有世俗財貨的人：「富人難進天國」（瑪19：23）。能夠在上帝那兒獲得平安的，不是自充義人的法利塞人，宣稱：「上帝，我感謝祢，因為我不像其他的人，勒索、不義、姦淫，也不像這個稅吏」；而是那個連舉目望天都不敢，只是捶著自己胸膛的稅吏：「上帝，可憐我這個罪人吧！」（路18：11）。「浪子回頭」的比喻（路15：11）更清楚顯示了耶穌的態度。

耶穌在周遊各地時，隨處宣教，但他並不以此為滿足。他派遣宗徒做「捕人的漁夫」（瑪4：19），宣揚世界末日與天國來臨。他派他們兩個兩個地出去，「囑咐他們在路上除了一根棍杖外，什麼都不帶；不要帶食物，不要帶口袋，也不要在腰帶裡帶銅錢；卻要穿鞋，不要穿兩件內衣」（谷6：7）

他們宣教的範圍相當有限：「外邦人的路，你們不要走……你們寧可往以色列家迷失的羊那裡去」（瑪10：5）；因為在他們「還未走完以色列的城邑」之前，世界終局可能就來臨了（瑪10：23）。

耶穌發現他的宣教結果乏善可陳、績效不彰，心中頗為難過。種子落到沃土，也落到脊土。許多人聆聽福音時非常喜悅，但是事過境遷就遺忘了。世俗的掛慮、財富的誘惑、肉體的欲望，在在都要抗拒〈福音〉。就像在婚宴的比喻中，每一個客人都有藉口不去參加。「我來到世界中間……發現所有的人都醉了，他們之中沒有人口渴；我的靈魂為人類之子感到悲哀，因為他們的心是盲目的，什麼都看不到。」「被召的人多，被選的人少。」

（二）當耶穌在世時，門徒隨其相信上帝、天國與世界末日。一旦耶穌遇害，門徒四散逃逸。不久他們又重新聚合，然後發生了一樁革命性的事件。他們看到耶穌從死人中復活了。現在他們不但要隨同耶穌去相信上帝，進而要在沒有耶穌的情況下相信那復活的基督。這一步是從耶穌這個

人，亦即做為猶太教的一位先知，所宣示的宗教跨越出來，走入基督宗教的壯舉。當耶穌在世時，並未發生這樣的事。至於這一步怎麼達成，我們不得而知。歐維貝克（Overbeck）認為：「耶穌死後，初期基督徒從歷史舞台退隱，因為支持基督的人成為一種模糊不清的角色，擺盪於存有與虛無之間，首先把基督宗教帶入歷史領域的是保羅。主張基督宗教始於歷史上的真實耶穌，其實並不正確。」

只有耶穌的人格對門徒產生的直接衝擊才能說明：門徒如何能在初期的驚惶逃散之後，回來對十字苦刑作偉大動人的詮釋；這時十字苦刑才真正成為基督宗教的開始。然而，基督宗教又是什麼？

基督宗教的歷史至今尚未發展完成。由於教會在重建陷入野蠻主義的西方世界時所扮演的重要角色，又由於拉丁時期與日耳曼時期，歐洲的整個精神生活都被源於基督宗教的意念所浸潤，因而所有的基督教會似乎都分享了共同特色。這種共同要素形成環結，連繫了互拚至死的各派基督教會、正統派與異端派，甚至那些在基督宗教的世界中成長的漠不關心的人。然而，這種要素卻不宜被定義為宗教的「本質」，更不宜根據這個定義來判斷何者屬於以及何者不屬於基督宗教。從歷史觀點看來，這一類定義只能是出自思辨的理想類型，或是出自獨斷的心態，想要根據實力來強調何者為正統、何者為異端。因此，就西方世界基督化的情形來看，這種共同要素不是指任何特定團體——從羅馬天主教到

新教各派——所能決定,而應該是指「聖經宗教」:包括猶太人、各派基督徒團體、未入教會而相信上帝的人,甚至在某種方式下還包括那些公然謝絕一切信仰的人。因此,聖經宗教變成統合一切的總體,從亞伯拉罕歷經數千年直到今日;西方沒有人能夠疏忽它,但是也沒有人夠資格說它是自己的專屬之物。凡是與聖經宗教發生聯繫的人,都會在其中發現維持生命的力量,他可以選擇並強調他所想要的部分。只有當聖經宗教的一切人物都被遺忘時,基督宗教的西方才會走入結局。

耶穌是聖經宗教中的一項要素;對於相信他是基督的人,這項要素具有無比的重要性。耶穌基督是這一信仰的始點與核心,但是耶穌本人——即使在基督宗教的世界——只是基督宗教的一個構成部分而已;他並非這個宗教的創始者,並且光靠他一人,這個宗教也無法存在於世。耶穌的真實生命受到過多的描繪,他本人與這些描繪並無關係。他被人說成是不同的角色,但是他的真正面貌始終並未消逝。

我們可以由兩條不同的路線,總結他的影響:(一)他從耶穌被轉化為基督,亦即上帝之子,他從一個人被轉化為信仰對象。(二)這個人本身被當成一個典範。

(一)當他的門徒不僅相信他的福音,同時也相信他本人時,第一步就跨出去了。接著,他們相信他就是彌賽亞,就是上帝之子,就是上帝自己。這樣一來,人的存在變得無關緊要,只剩下兩點意義:他確實生活於身體中,以及他曾

被釘在十字架上。在《信經》禱文中可以清楚看到，耶穌的人性存在消失了。《信經》的第二段宣示：相信他是上帝的唯一聖子、我們的主，他因聖靈受孕，由童貞女瑪利亞所生。在這一段超乎人性的引文之後，談及他的生平只有：他在總督比拉多任內受難，被釘死在十字架上，死亡後被人埋葬。接著，我們又回到超乎人性的敘述：他下降到地獄，第三日由死人中復活，榮升天堂，坐在上帝的右手邊，他還會從那兒下來審判生者死者。

齊克果（Kierkegaard, 1813-55）指出要點。真正重要的是上帝曾經進入世界並且被釘死在十字架上。歷史事實對於信仰是無關緊要的。研究《新約》，對於信仰是浮泛而困擾的。因為信仰並不基於批判研究法所能證實的歷史事件。即使是與耶穌同代的人，他們眼見耶穌的身體，熟知他的生活、姿態、行動與言語，但他們也不是由於客觀事實才產生信仰的。

這種對基督的信仰並非耶穌所開創，而是在他死後才發展出來的。第一步是相信耶穌復活，其根據是瑪達肋納與幾位宗徒親眼所見者。其次是把十字架上的羞恥死亡轉化為一項祭祀犧牲。最後，藉著聖靈之充滿流溢，信徒聚會的意義得以實現並且形成教會。《福音》所載的「最後晚餐」變成一套宗教禮儀的基礎。「最後晚餐」的聖事是一系列發展的終點；耶穌若建立這一聖事，則它必然應該被視為開端。馮左登（Von Soden）說：「耶穌不曾將自己放入某項聖事禮儀

之中。」

　　信仰的條目包括：耶穌犧牲而死；他的死救贖了一切信徒，因為基督承擔了他們的罪；信仰使人成義；基督是三位一體中的第二位；基督是邏各斯（世界理性）㉗，參與創世大業，並且引導以色列民族穿越沙漠；教會是基督的「神祕身體」；基督是亞當第二，新人類的歷史起點。以上這些條目以及基督教義在歷史過程中發展成的繁複條目，都與耶穌無關。基督是一個新的實體，由之創生歷史上最廣泛周全的影響。

---

㉗「邏各斯」（Logos）是希臘文音譯，原意有「言說、敘述、理性、定義」等，到了希臘哲學後期的斯多亞（Stoa）學派，肯定邏各斯具有神性，是宇宙中的主要創造力量。宇宙之前是「混沌」，「宇宙」（Cosmos）原意為「秩序」，在人看來，能造成秩序的正是「理性」，亦即邏各斯。基督徒相信耶穌是上帝之子，是上帝創世時的「言說」，所以就用「邏各斯」來代表耶穌。的確，上帝創世時都是「一說話，命令就成為事實」（創1：3）。耶穌是三位一體的「上帝」中的第二位，稱為「聖子」，亦即這個代表「言說」的邏各斯。第三位是聖靈，在耶穌離世後，留在世間繼續鼓動信徒的心靈。所謂「三位一體」，是說神只有一位（是為一神論），但有三個位格（展現不同角色與作用）。這是基督宗教最深奧的教義之一。

（二）假使沒有教會，基督宗教不可能二十個世紀一直發展下來。耶穌若在促成這一發展之無數動力中占有一席之地，必須歸功於《新約聖經》。在初期的時候，像保羅這樣的基督徒對耶穌其人尚無興趣時，〈福音〉就已經是《新約》的一部分了。

基督宗教的經典──包括《舊約》各書──充滿互相矛盾的題旨，以致我們無法期望能在其中找到可以貫穿〈福音〉、耶穌的信息與聖經宗教的關鍵。甚至耶穌本人也不是關鍵。但是他的存在卻提供了動力，讓後人決心去師法他。

各地都有人矢志師法耶穌。他們努力奉行山中聖訓，把右頰也轉向惡人；奉行耶穌對宗徒的訓示，以貧窮之身周遊各處，追隨耶穌的苦難，棄絕俗世萬物；簡而言之，就是要主動師法耶穌最極端的行為與言論，以求證實殉道之志。

此外，師法耶穌也被說成是要設法轉化意外降臨的苦難。耶穌的苦難變成典範：教我們忍耐最不義的與最難以解釋的苦難，教我們在被遺棄時不要絕望，教我們在萬物本源之處尋找上帝，做為最終的與唯一的立足點，教我們耐心地背負自己的十字架。因為，透過耶穌，一切苦難都被聖化了。

師法耶穌還有另一層意義，就是以他的道德訓令做為行為規範，把純潔與愛看做上帝的旨意。這種態度排除了認知作用：即使我們充其量只能體驗自身的道德缺陷。

然而，不必經由師法，也能肯定耶穌的人生取向值得重

視。耶穌所立的表率，是以生命的意義不被世間的失敗所征
服，反而為其所增強；這即使不能說是必然的指針，至少也
顯示了可能的理解方向。他指出一個人如何可以藉著背負自
己的十字架，而擺脫生命內在的恐懼。他的信息教人睜開眼
睛，注意世間絕對的邪惡，嚴禁姑息養奸；他提醒人有一個
更高的權威存在。他言語行為中的荒謬悖理之處，能夠引發
一種解脫的效果。

　　許多人接受聖經宗教之後，想從層層傳統中辨認耶穌的
身分。耶穌的行動與言論中所顯示的是他自己。他的極端表
現始終深具意義；因此凡是沉思耶穌其人者，總會深受啟
發。基督宗教以他為基石，但他始終是反對此一宗教的強大
力量；他像是炸藥，屢次威脅要粉碎教會中僵化的、俗世的
基督信仰。有些認真走向極端主義的異教徒，竟也向他呼求
助力。

　　知識界費盡苦心，想把這個人生命與思想中的矛盾現
象，組合為一個有系統的整體。教會顧及俗世秩序，想盡辦
法壓制他的爆炸性力量，約束並且引導其火焰，這種作法往
往也得到可觀的成效。但是縱觀史實，它仍一再突破藩籬，
為人昭示天國的途徑以及世界大難所帶來的新希望與新恐
懼。

　　這個源頭曾給教會的教義與政策帶來特殊的難題；這些
永遠無法解決的難題又造成清晰闡釋方面的阻礙，但是同時
也給基督宗教帶來生命力與奇妙的真實性。

世界若是未曾終結，難題立即出現。處在新的情況，思想與行為必須加以修訂。事實上，期待中的天國被教會取代了。耶穌原是末日的宣示者，現在變成聖事的建立者。然而，原本要結束歷史的上帝之國，竟被拖入歷史之中，它的整個性格也必然隨之改變。要把這種最極端情境所孕生的信息應用於現世的各種工作，應用於塑造存在界及改善知識、藝術與文學，其結果乃產生了一些無法解決的正反議題，讓人在討論「基督宗教與文化」時無法不去面對。反對派與教義派對於耶穌其人及其學說，各自形成一套觀念，但同樣顯得生硬狹隘。反對派的興趣在於尋找理由否定現世萬物，以便支持他們對權力之不計一切的追求欲望。教義派的興趣在於緩和爆炸的與極端的信息，為它在基督宗教永恆不變的真理中找到安身之處。因此，他們無法承認：世界未曾像耶穌所預言的那樣終結，將導致修訂基督徒的思維模式。

至於吾人對耶穌的歷史知識，正統信仰喜歡提示一種澈底的懷疑論，這樣才有可能在歷史事實的空白之處填上耶穌的生平，亦即完全基於信仰、不受歷史批判論所左右的基督生平——因為那不是經驗的，而是超乎人性的。不然就反其道而行，肯定全部的〈福音〉記載皆為歷史事實，亦即不經批判研究就必須相信的事實。在第一種情況下，歷史知識被合乎邏輯地貶抑為與信仰無關。在第二種情況下，批判研究被局限在次要事物上，因為《聖經》所載都是出自啟示之絕對可靠的經驗事實，不允許作任何更動。

耶穌其人的歷史真相，在我們研究哲學史的人看來是極為重要的，但是在反對派與正統派雙方的信仰專家眼中，卻是無關宏旨、不必深究的。

# 後記

## 有關四大聖哲的一些說明

*Erörterungen über die maßgebenden Menschen*

# 理解的方法

　　針對研究者來說，這四大聖哲具有相同的方法學上的處境。我們藉以認識他們的典籍，都是在他們身後才問世的。透過文字學及歷史學的批判研究法，我們發現這四大聖哲的本來面目都負載了過多的神話與傳說，這些神話與傳說往往與他們本人毫無關係。我們有時必須放棄相對的確定性，但是更多的時候我們必須以得到概然性為滿足；事實上大多數資料也只能達到概然性的程度。

　　歷史批判法的各種發現是不能輕易忽略的，但是它們無法為真實的歷史提供任何畫面。我們若將真實歷史提煉出來，結果只是一些斷簡殘篇而已。當傳說的層層積澱被釐清之後，這幾位偉人的真實面貌也隨之消失。可靠的歷史記載蕩然無存。傳統所接受的每一點事實幾乎都可以付諸歷史的懷疑。推到最後，甚至這些人是否真正存在過，也成為值得懷疑的事（對於佛陀與耶穌，就曾經發生過這樣的事），因為他們的存在幾乎被神話與傳說完全淹沒了。這樣的結論顯然荒謬；我們由此對批判方法之本身難免覺得懷疑。

　　有關四大聖哲的真實歷史，只能由那些身受他們衝擊震撼的同代人物以及他們對後代的綿延影響來辨認。這一類的震撼是明顯可證的。許多以門徒自居的人從一開始就描述他們的畫像，記錄他們的言行。這些資料本身就是一種真實的

歷史。

　　以耶穌所面對的歷史狀況來說，歷史批判法的研究者告訴我們：關於耶穌的生平我們不可能知道任何一件確定的事；福音書是為了對教會信眾傳達教義而寫的。它們將口述傳統、歷史、箴言故事等收集起來，這些或許可以歸之於耶穌本人的言說，但是卻根據信仰者盡可能理解的意義而增加許多倍。耶穌的生平事蹟就其發展來說是不可能被重構起來的。

　　歷史批判學派不願還原歷史事實。它反對單純地接受所有福音書的內容作為歷史事實。人們將在耶穌的說明裡認識神話的意義，像是當時已在使用的彌賽亞、基督、主、神之子等語詞；就如約翰所言，如果不從信眾和教會的建立這方面來思考，人們不可能對耶穌的歷史圖像善加評價。這一切是一個新的歷史事實，但卻不再是耶穌這個人的歷史事實。

　　不過還是有一些概然性的材料具有較大的操作空間。許許多多的片段已經被確定為傳說，它們的可信度極低。在這中間有一個相當廣闊的地帶，包涵歷史上可能為正確、或許為正確，以及不太可能為正確的內容。在這樣的地帶裡可以依照事情和事件的內在關聯，選出一種本身自明的觀察。

　　每一時代的人都以這四大聖哲的行跡為真實歷史，我們今日亦當如此，只是情況稍有不同而已。對傳統所作的批判分析，使我們看到文獻以外的東西。在研究文獻資料時，意象就在我們心中凝成人形。正如其他時代的人一樣，我們可

以直接沉思史料，不必顧慮那些明確定義的信仰。批判研究法確曾給這種洞見加上限制，要求我們多作預備功夫。但是，這種洞見一旦產生，仍然顯示前所未有的新意。它既不能被指證，也不能靠推理產生。如此得見的意象帶領我們走上批判之途；它本身並未證明任何東西，只是提供一些問題，讓推理能有用武之地。批判的懷疑加上對傳統的感情，反而鼓勵我們去冒險塑成一幅真實歷史的圖像。

我們對四大聖哲的認識又如何呢？耶穌與蘇格拉底的史料似乎要比佛陀的更可靠。至於言論的真確性，則佛陀亦比蘇格拉底、耶穌與孔子更值得懷疑。但是他們四人的言論都有可究之處。他們的人格清晰呈現；但是我們藉以辨識他們的光明似乎各有不同。我們在實在論的日光下發現蘇格拉底；耶穌的形象如魔術般變得莊嚴可敬；佛陀則在令人迷醉的抽象氛圍中展示一種典範；孔子在現世的浩然光明中清醒地走向前去。蘇格拉底是否因為柏拉圖的緣故，而顯得比其他三人更可親與更可解？或者，是否耶穌的某些言論較為可靠──因為他的宗徒並非作家，不曾刻意去製造文學作品？

批判法只能讓我們論斷：無法確知任何事情。真實歷史消失無蹤。然而，我們繼續感受到它。這種洞見可以得到證實：

遠在科學的批判法問世之前，這四大聖哲已經在傳統中獲享極高的地位了。要把千百年來對人們的內心態度產生如此不尋常影響的人物看做真實的存在者，或許是個成見。但

是這種成見似乎並非空穴來風。一個微不足道的人是不可能在別人的印象中變得傑出超群的；光靠別人的印象更不可能彰顯出如此高貴的靈魂。印象的來源之本身必定也是不尋常的。

　　無論如何，我們知道：這些人的影響始於他們在世之時，是由他們做為活人而非做為印象所散發出來的影響。當我們體察這種無可置疑的衝擊時，亦難免深受震撼。它所傳給我們的力量並不屬於理性的證據，而是無法輕易忽略的指標。這些人仍舊鮮明可見，因為他們的影響持續不已。

　　批判者認為，這些人的偉大並不在其本身，而在他們的身外之物，像透過他們所塑成的某種社會秩序、集會結社或教會組織，因此他們只能算是核心基地，四周環繞著各種神話與屬靈的內涵。原始面貌早已消失於無形，因為創始的基點並不是真正重要之物。

　　我們基於歷史事實的看法，無法苟同上述觀點。歷史上的事件傳到後代，經常發生不尋常的變動，有的交互重疊，有的被扭曲改造，甚至會有某些意義被轉換成相反的意思，使得某些言行境界降格變成迷信。重點在於，一開始他們究竟是微不足道的還是偉大的。

　　難道偶發的現象可以由虛無中造出恆存之物？在政治領域中，一個微不足道的人也許受時勢左右而產生重要影響，並且暫時掌握可觀的權力。但是，這樣的人無法感動人們的靈魂深處，他的影響力無法持久。

批判者又認為，這些偉人只是被人提出做為代表當時的共同人格類型而已。蘇格拉底像極了「鞋匠西滿」（Simon the Shoemaker，傳說中的人物，據說有犬儒作風）或辯士之一；孔子是雲遊各地的學者顧問之一；佛陀是僧侶會院的創立者之一；耶穌則是自稱彌賽亞然後受刑致死的猶太人之一。這種見解頗有啟發性。因為它適於說明社會學上的現象，但是對於這些人的個體性則派不上用場。凡是以人格類型來同化他們的想法，都不可避免地突顯出他們在歷史上的獨特性格。為何產生如此龐大影響的是蘇格拉底、佛陀、耶穌與孔子，而不是其他的人？歷史批判法無法回答這個問題。他們四人並不曾擁有任何世俗的權力，也沒有足以煽動群眾和智者的魅力，他們自身是受苦的、被放棄的，可是在精神上對人們卻有無法抗拒的吸引力。後代的人受到啟發，不斷湧現精神力量，尋求生命的深刻意義。他們的言行表率歷久彌新，其影響也永不止息。

　　在當前情況下，我們又該如何去塑成這些偉人的形象呢？前面提過，我們曾被他們的真實存在所感動。這並不表示主觀的任意感受可以取代歷史知識，而是表示歷史知識應該用來闡釋一種經驗——沒有這種經驗的話，歷史知識毫無意義可言。

　　在塑成這一形象時，我們必須檢證流傳至今的各項資料。檢證的原則如下：我們根據主題來安排傳統的資料，設法顯示具有內在一貫性的理想人格類型。透過這些偉人，我

們找到幾種理想的重構方法；然後比較這些方法，設法在統一性中找出兩極性。矛盾衝突愈大的地方，愈能顯示人格的偉大。我們所考慮的是原始現象，而非滲入傳統之中隨著時間而擴充的歧見與偏見。這些歧見與偏見也當加以闡明；原始面目由此更顯清晰，因為我們在其中發現它們之所以可能產生的根據。這樣的探討足以駁斥那些以歧見為原始面目的錯誤的批判法。

然而我們必須牢記於心：任何形象皆不可能絕對真確；最主要的是，由於敘說這些形象過於容易，我們所採取的詮釋原則永遠無法應用得十全十美。

# 為何選擇這四大聖哲

　　值得考慮的人選還有：亞伯拉罕（Abraham）、摩西、厄里亞（Elijah）、瑣羅雅斯德（Zoroaster）、依撒意亞、耶勒米亞、穆罕默德、老子、畢達哥拉斯（Pythagoras）①。但是這些人物在歷史上所產生的影響，無論深度與廣度，都比不上本文所選列的四大聖哲。其中只有穆罕默德（Mohammed，伊斯蘭教的創始人）在歷史上的重要性差可比擬，但是在個人的深度方面仍然略遜一籌。

　　這四大聖哲合而觀之，並不屬於上述任何一人所代表的典型。他們的歷史意義，亦即他們獨有的特色，只能藉由人類存在的全盤歷史觀點來把握，也即是說，他們以不同方式表現出人類的存在。要探尋他們的共同根源，必須把人性看成一個彼此交流而互相體驗的統一體。在大多數人眼中，四大聖哲各自是獨一無二的，但又維持了人性的完整面貌。

① 這些人名的簡單介紹如下：（一）亞伯拉罕：約西元前二千年，亞伯拉罕離開家鄉，前往上帝指定的地方，自此成為猶太人的始祖。他與上帝立約，遵奉雅威（耶和華）為唯一真神。「雅威」即是猶太人所信奉的上帝之名。（二）摩西：到了亞伯拉罕之孫雅各這一代，他率同子孫進入埃及，後來猶太人成為奴隸長達四百年，直到摩西帶領族人離開埃及，重新成為獨立而自由的民族。（三）厄里亞：猶太教先知，當時的人相信在彌賽亞之前，他會來到人間。（四）瑣羅亞斯德：古代波斯帝國的國教袄教的創始人，傳教時間約在西元前一千年左右。（五）依撒意亞與（六）耶勒米亞皆為猶太教先知，皆可在譯注中找到介紹。（七）穆罕莫德：伊斯蘭教的創始者，生平年代在西元五七〇～六三二年。（八）老子：我國道家的創始者，有《道德經》一書傳世。（九）畢達哥拉斯：西元前第六世紀的早期希臘哲學家，曾創立一個宗教社團。依此表所列的九人之中，本書作者提及五位猶太人。可見其眼光局限於猶太教與基督宗教這個西方傳統。這或許是許多學者在提出理論時難以避免的限制。

# 共同基礎與互異之處

這些偉人憑著他們的行為舉止、人生體驗與絕對訓令，為人類設下規範。後起的哲學家以他們為典範，來深入理解自己所遭遇的難題。這四位偉人各在自己的領域中對後起的哲學產生重大影響。以下我們就為了哲學的緣故，簡單考量他們的共同之處，以及各自所具的同中之異。

（一）從社會學的觀點看來，我們發現只有一位（亦即，佛陀）出身貴族，其餘則起自民間。他們都有家族背景可尋，各自分屬某個社會階層，其生活方式明確可知。

從心理學的觀點看來，他們的男性氣概非常鮮明。他們不受家庭感情的羈絆，雖然其中三人（亦即，蘇格拉底、孔子、佛陀）結婚成家。他們對學生或弟子卻有深刻的感情。他們的男性氣概出乎自然天生，而非執意造作的結果。

（二）他們的作風並不符合先知的類型，其特色不在於獲享洞見與忘我入神。他們不曾直接聽見或看見上帝；也不曾直接受命宣揚上帝的旨意。但是他們都以某種方式與先知頗有關聯。他們知道自己在為上帝服務；或是受上帝召喚（蘇格拉底、孔子、耶穌），或是為必要的救贖充當傳令工具（佛陀）。然而，他們的信息並非來自直接啟示。他們像先知一樣，也知道體會孤獨與寂靜，並且把握沉思所帶來的啟明。他們比先知更偉大之處在於：由他們身上開啟了一道

斷層。世界並非井然有序。他們體驗了徹底的改變，進而要求這種改變。他們的最深自我受到震撼，只是我們不知道被什麼東西所震撼。他們表達了沒有適當方式可以言說的體驗。他們善於使用巧妙的比喻、辯證的矛盾說詞與對話式的回應，而從不執著於一個說法。他們指出何事當行，但言說方式卻讓人無法直接了解；至於新的世界秩序之實施方案，則更是一般人所無法理喻的。他們突破了習俗之見，突破了一向被視為理所當然之事，也突破了純依理性的思想法則。他們創造了新的可能性，以及一個新的領域——其中充滿了各種開始，卻至今仍未得到圓滿的實現。

（三）「轉化」：要緊的不是他們的工作或其內涵，而是一個活生生的實在界，亦即人類在世間得以轉化的起點。他們所要求人類的，無法以言詞盡述，亦即不能光靠奉命行事來完成。為了理解他們，一個人必須體驗某種轉化：一種再生，一種新的世界觀或一種光照。蘇格拉底堅持一種思維方式的轉化；佛陀主張沉思默觀以及隨之而來的生活方式；孔子主張一種教育過程，而他所謂的教育不僅僅是學習而已；耶穌要求獻身於上帝旨意，不必理會塵俗之事。

（四）死亡與受難：蘇格拉底與耶穌在俗世權威中受刑而死；佛陀由於認識死亡的事實，才開創出一生的志業；孔子眼見死亡不可避免，卻絲毫未加重視。他們對人類的存在、死亡與受難這些基本要素，表現出各具特色的關係。

蘇格拉底在七十歲時平安死去，他的平靜安詳既不曾伴

隨任何尊榮崇高之感，也不曾夾雜任何苦悶焦慮之念。他心意篤定，像是一個知道如何走上死亡之途的人。他飲下毒酒，和緩致死，並無殉道烈士的激情。假使沒有這一死，他可能就不會成為那個震撼人心的蘇格拉底了；他的眾弟子與柏拉圖可能就不會經歷他死前的那一段深情時日，親見他的偉大不凡，並在往後的日子一再憶及他的形象，感受他的人格魅力。

耶穌死於十字架上時，只是三十幾歲的青年。他接受了最殘酷與最羞辱的死亡；我們經由他的接引，也熟悉了暴虐致死所帶來的恐怖與憂懼。他竟反叛死亡，把死亡當作上帝加給他的旨意。假使沒有這一死，耶穌就不會成為基督，不會被高舉起來，被奉為信仰的對象。

蘇格拉底與耶穌藉著死亡的挑戰以及他們對死亡的承受方式，而回答了死亡問題。西方世界在他們身上認出自己的兩面鏡子：蘇格拉底所反映的是平靜與安詳的心態，完全對死亡不予重視；耶穌則反映一種態度，讓人在極度患難與無法忍受的折磨中找到向上超越之基石。

這些歷史人物——蘇格拉底與耶穌——不斷增長形象，到達神話原型的地位。人們由他們的具體人性看出神話人物的特色，像紀加美西（Gilgamesh，傳說中的蘇美爾國王）與約伯（Job），依撒意亞書中上帝的受難忠僕，希臘悲劇中的英雄等。神話的永恆題材——存在即是受苦，人生活動即是痛苦之克服，然而一切偉大的活動皆注定了失敗的命運——

體現於蘇格拉底與耶穌身上。在一切聖哲之中，這兩人尤其震撼人心與提升人格：蘇格拉底是一位在現世失敗的哲學家，耶穌則是一位根本不能活在現世、只能與上帝保持聯繫的人。

我們凡人的處境常是無所用心與麻木不仁，我們四周可能發生最恐怖的事，人類相互之間可能做出最邪惡的罪行——我們心中充滿憐憫，同時也擔心這樣的事可能發生在自己身上；但是事過境遷之後我們又回到日常的俗務，忘記了自己的同情感受，含含糊糊過日子。對那些無名之輩與遙遠之地受苦的人，我們甚至激不起一絲同情之心。

但是四大聖哲的為人處世則與我們大相逕庭。他們不像凡人那樣缺乏必要的想像力。在佛陀與耶穌看來，受苦與死亡毋寧是現世存在的真實情況；他們要以自己的生命、洞見與思想來克服這種真實情況。他們以不可思議的說詞來表達這種經驗：只有涅槃與天國是永恆的。蘇格拉底與孔子坦然正視死亡，竟至完全輕忽了死亡的重要性。

（五）愛你的仇敵：四大聖哲都認為人類的愛是普遍的與無限的。他們都提出終極的問題：我應該如何對待那加害我的仇敵？但是答案各有千秋。只有耶穌提出澈底的「愛仇」訓令。老子也曾勸人「以德報怨」。但是孔子不以為然，他說：「以德報德，以直報怨。」蘇格拉底在〈克利托篇〉說：「以惡報惡，並非正義。」又說：「凡是傷害、復仇、以惡驅惡，皆非正當之事。」他知道這種要求頗不尋

常：「從來沒有人主張這種意見……贊成此說與反對此說的人並未找到共同基礎，因此只會互相輕視」（但是在贊諾芬筆下，他卻有不同的看法）。佛陀以博愛為教，要人不抵抗惡人，以無限忍耐承受痛苦，對一切生物力行善事。

（六）如何克服痛苦與死亡的問題，其實正是我們與世界的關係問題。蘇格拉底在現實世界中沉思，希望認清自我以及自己與他人的關係。他以追根究底的質問方式，喚醒一種真實而有生命的確定性，那並非對某物之知識可以比擬。他超越世界，但不否定它。他放棄完全的知識與完全的判斷，只以一種「非知識的狀態」為滿足，因為真理與實在界都體現於其中。

他們所取的途徑困難重重，因為人類天性渴望明確而具體地得知事物的真相；人們尋求清楚客觀的訓示。

佛陀憑藉沉思默觀與超脫俗世，努力抵達涅槃聖境。他的苦難屬於一切生物的苦難，因此是沒有窮盡的。他相信自己找到了解脫途徑：就是存在整體之消解。這種消解並非得自暴力的摧毀，因為後者只能引發新的存在；而是得自超然擺脫，使存在的一切驅力歸於幻滅。這是在靈魂的寂靜中以非暴力的方式棄絕塵世。

佛陀的卓見也有其限制，因為他局限了經驗領域，忽略了人的心智必須投入塵世才能獲得的那些屬靈的內涵。這一點也局限了他的同情心，因為他只顧及人類受苦這一狹隘的事實，未能走出生命範圍之外。人性的發展因而受到限制，

無法受益於參贊世界之積極建樹與人類經驗之塑造過程。一切必要的知識早已圓滿具足，而生命在現實世界的各種可能性皆被等閒視之，一一化為子虛烏有。

孔子願意助人在此世培育自我，並使世界回復其原定的永恆秩序。他努力標舉圓滿人性，要人在現世環境中成就天生的性格。他相信這是可能辦到的，因為世界本身遵循「道」的原型，而不是走在方便善巧與功利實用的途徑上。

孔子對現實世界的看法並未奏效，他的限制在於面對邪惡與失敗時，他只是深感痛惜並且以可敬的態度承受苦難，但是未能自痛苦的深淵中引發創新的動力。

耶穌以無限制的激進態度，突破現世的一切秩序。他並未否定世界，只是把萬物附從於即將於世界末日來臨的天國之下；他藉此評定萬物的永恆價值，論斷善惡與真偽。由於反對俗世並直接著眼於世界末日，耶穌建立一套符合上帝旨意的無所制約的規範。

他的缺點在於：根據這種卓見，現世的任何積極建樹都沒有容身之地。

蘇格拉底不曾建立學派或任何組織；他一向與人自由而毫無計畫地交往。佛陀創建了一個僧侶團體，引導其中成員遵守絕對規範、走向涅槃境界；但是有些得道的僧侶並未即刻辭世，於是便將解脫的知識傳給一切問道之人。孔子建立了一個學派，訓練道德卓越的政治家，以便領導世界回復應有的秩序。耶穌四處宣教，並且囑咐他的宗徒繼續宣講世界

末日與天國來臨。

　　他們四人都希望超越現世，其方法或是完全撇開世界不顧，或是使混亂的世界重歸秩序。他們都受到一種超越的力量所左右。他們在現世的行動、他們對抗邪惡的方法——也包括努力在現世建立秩序——遠遠越過了人類的計畫與作為，因為領導他們的是一種更高的權威。

　　各就重點來說，蘇格拉底是活在現世，走著思想及人類理性之路；這條路突顯出人的地位以及他的獨特潛能。佛陀要以消除存在意願，來將世界化為空無。孔子渴望建立一個世界。耶穌則是這個世界的危機所在。

　　（七）溝通信息的方式：這四大聖哲都向世人傳揚他們的思想，並且相信這是他們的使命。他們行走於鄉村小巷與通衢大道，與人們談話、交換問題與答案、傳佈他們根據情況而修訂的基本學說。

　　他們所關懷的並非只是知識，而是人們的思維及內在行動之轉化。但是一個人如何探觸別人最深處的靈魂呢？他們四人對這個問題的答案不是屬於理論的，而是屬於實踐的。他們明白自己說話的對象是人們行動之前的內心深處。他們也知道自己的信息是基於一個絕對者（可以名為存有、永恆、上帝或原型中的秩序），但是一旦這個絕對者被客觀地解說時，就頓時喪失其真切的自性了。

　　誰可以接近這樣的教義呢？佛陀說：「明智之士可以領受教義，愚者卻無能為力。」然而耶穌說：「讓小孩子到我

跟前來。」蘇格拉底又有不同；當不適於受教的人企圖接近他時，他的精靈出而諫阻。孔子考慮到人的才能。耶穌則向萬民宣講。

試比較耶穌與佛陀：耶穌的信息是上帝創造的歷史之一部分。凡是追隨耶穌的人都會感受一股聖情，其本源得自歷史上最緊要的決定關鍵。佛陀的宣教態度則是隨意周遊、出於貴族式的平靜、無所堅持、對一個恆屬相同的世界漠不關心。耶穌的教義建立在《舊約》上，佛陀則以印度哲學為基礎。耶穌要求人信仰，佛陀要求人覺悟。

試比較耶穌與蘇格拉底：耶穌宣教時，傳報〈福音〉喜訊，蘇格拉底則強使人們思考。耶穌要求人信仰，蘇格拉底要求人作思想交流。耶穌說話時，出之以直接的熱忱；蘇格拉底則間接表意，有時還用反諷語調。耶穌知道天國與永生，蘇格拉底則無法確知這些，讓問題留在那兒。但是兩者都不讓人休息。耶穌宣示唯一的道路；蘇格拉底讓人自由，但是一再提醒人自由所帶來的責任。兩者都提出至高無上的要求。耶穌賜下救贖。蘇格拉底激勵人尋找救贖。

（八）靜默與非知識：四大聖哲都了解靜默，並且重視靜默。他們無所隱瞞，但是他們的至深真理即使對自己而言，也只能間接表述。他們善用比喻說話，在某些場合沉默不言，對他們認為不當的問題公然拒絕回答。他們都對形上思辨或自然研究毫無興趣。他們無意探求的知識領域相當廣闊。

他們都在某種程度上主張「非知識」。在知識無法企及之處，不應浪費時間，作無益的思索。即使在重大問題上，也不一定需要知識，除非它能帶來靈魂的解脫。傳統的生活秩序與模式對於現世是足夠的；我們只須看看它們是否與根本目標相衝突。

# 我們對四大聖哲的態度

　　他們不是哲學家，因為他們對科學漠不關心，而哲學是依循科學途徑所作的思索。他們不曾提出任何理性思辨的主張，因而在哲學史上並無地位。他們不曾寫下任何作品。其中三位還被龐大的宗教團體尊為創始者。那麼，他們在何種意義下與哲學密切相關呢？

　　以教會禮儀與信條為主的宗教，不足以形容他們的基本特色。他們是一個歷史事實，對哲學與制度宗教都提出了要求，但是哲學與宗教都不能宣稱獨占了他們。哲學只能設法努力從他們的經驗與人格中啟發靈感。

　　他們四人的共同之處是：原創性以及自行負責的生命，此外並無任何預先存在的團體可以支持他們的行動。他們並未以自己為表率（若望福音中「我就是道路、真理與生命」一語確定不是耶穌所說），結果還是成為人類的典範。他們成為人類的典範；雖然他們的偉大無法以法則與觀念來適當敘述，他們還是在人性上烙下了自己的圖印。就在這一點上，人類可以轉化自己的形象，提升到神化的程度。

　　對哲學而言，他們也是人。他們各自具備性格上的特質與限制；他們是歷史人物，因此不可能對人類產生普遍周全的真確性。他們四人同行；不能唯我獨尊。把任何一人化為絕對的唯一真理，就無異於從他的形象中摒除了所有的自然

人性。

　　他們的生命核心，在於體驗了根本的人類處境，並且發現了人類的在世任務。他們告訴我們這些事情，然後帶領我們面對極端問題，提示我們答案。他們各自成全了人性的終極潛能。這是他們的共同基礎，但是並未因而同化為一。他們也無法被綜合在某種真理大全中。他們彼此相關互涉，因為他們都在人類可能性的基礎上生活過、探問過與回答過；但是他們也是各自殊異的個體。他們不可能被割裂來組成一個人，同時走遍所有的路途。

　　他們共同具有的是：在他們身上，人類的經驗與理想被表達到最大極限。他們視為必要者，也總是哲學所視為必要者。他們的真實生命與思想模式已經構成人類歷史不可或缺的要素了。他們成為哲學思想的來源，同時激勵人挺身抵抗，那些抵抗者透過他們的表率，首先獲得了自我覺悟。

　　我們對四大聖哲所採取的哲學態度是：我們被他們的共同特色所感動，因為彼我皆在於人的境遇中。我們無法對他們等閒視之。他們每一個人都是展示在我們面前的問題，讓我們不得安寧。

　　我們漸漸明白，在自己的生命中我們並未追隨四大聖哲。我們一旦察覺自己疑難重重的生命距離他們的熱忱專注越來越遠時，就會感受一股壓力，要設法呼召自己內在的一切真誠。他們是高懸的燈，幫助我們找到方向，但卻不是我們亦步亦趨的榜樣。

四大聖哲各有偉大之處，各自在某一方面獨擅勝場。蘇格拉底與孔子所指點的路徑是我們可以追隨的，雖然不是走得像他們那麼完美。大體說來，他們的思想內涵不可能變成我們的。但是他們的思想方式卻能為我們指點路徑。至於耶穌與佛陀，則不僅其生活與思想的內涵，甚至就連形式也是我們不得其門而入的——除非我們決心去信並接受隨之而來的後果，否則一切只是裝模作樣而已。

　　我相信，西方人若公平看待這個問題，幾乎都會同意本文所作的評價。一般西方人以為自己在認真模仿耶穌，其實往往忽略了關鍵的要點與詮釋，以致看不清某些根本重點所造成的結果。這種自以為是的心態完全與真實模仿的可能性無關。真實模仿必須伴隨尊重的誠意。從事哲學思維的人應該清楚看出這種模仿的必要條件以及無可避免的後果。只有這樣，他才能在具體的人生處境中，知道自己在做什麼，並且知道自己所要的是什麼。

# 內容簡介　文／立緒文化編輯部

> 人一能之，己百之；人十能之，己千之。
> 果能此道矣，雖愚必明，雖柔必強。
>
> ——《中庸》第二十章

　　本書作者雅士培為德國哲學家，一般視之為存在主義的代表之一，與海德格、馬塞爾、沙特等人齊名。雅士培深入研究歷史上各國各派的哲學家，最後選出四大聖哲：蘇格拉底、佛陀、孔子、耶穌，並專門寫一本小書介紹。在他筆下，四大聖哲的修行過程、獨到見解、人格魅力、處世態度，無不栩栩如生、躍然紙上，散發令人難以抗拒的吸引力。

　　面對西方讀者，雅士培首先推崇西方哲學的奠基者蘇格拉底；接著介紹佛陀，褪去其宗教的神祕外衣，直探佛法對於生命的沉思；再是孔子，綜合西方漢學家的研究，以旁觀者清的角度，寫出了孔子的生命精神；最後是深刻影響西方文明進程的耶穌，西方經歷千年的宗派分歧，仍信仰同一位上帝，其中耶穌的角色至關重要，值得深入探究。

　　雅士培相信，「人是一切奧祕中最偉大的。」他透過歷史學的批評研究法，將四位聖哲自歷史塵絮中漂洗出來，並把負載於他們身上過多的神話與傳說剔除，使他們的「人格」清晰呈現，彰顯出高貴的靈魂，以全面性的研究來透視

四大聖哲於歷史長河中的真實定位與影響力，令人耳目一新。

　　本書譯者傅佩榮教授曾說：「《四大聖哲》所教給我的，比整部哲學史所教給我的還要深刻。」傅教授前後歷時七年，方譯成此書，同時增加了二萬多字的「譯者注」，詳加介紹許多專有名詞與特定術語，其中有關「孔子」的部分，原作者因參考西方漢學家的研究，難免有少數誤解之處，傅教授也都在「譯者注」中加以辨明。

　　透過傅佩榮教授精確易懂、深入淺出的優美譯筆，以及根據其學術專業所做的解讀與註釋，本書無疑鎔鑄了東西方二位哲學家的學問精華，不僅是認識四大聖哲的最佳入門讀本，更是台灣出版哲學譯作中的經典之作。

## 作者簡介

### 雅士培 Karl Jaspers（1883-1969）

　　當代德國哲學家暨精神病學家。一八八三年二月二十三日出生於德國歐登堡（Oldenburg），陸續攻讀法學、醫學及心理學，並於一九〇八年取得醫學博士學位，一九一三年後於海德堡大學。雅士培於四十歲以後投入哲學，一九四八至一九六一年間任教於瑞士巴塞爾大學，一九六九年二月二十六日於巴塞爾逝世。

雅士培被視為存在哲學的代表人物，在德國與歐洲享有盛名，對精神病學和哲學皆有很大影響。其著作包括《存在哲學》（*Existenzphilosophie*）、《時代的精神狀況》（*Die Geistige Situation der Zeit*）、《歷史的起源與目標》（*vom Ursprung und Ziel der Geschichte*）等。

## 譯者簡介

### 傅佩榮

美國耶魯大學哲學博士，曾任比利時魯汶大學與荷蘭萊頓大學講座教授，台灣大學哲學系主任兼研究所所長，現任台灣大學哲學系、所教授。著有《哲學與人生》、《柏拉圖》、《儒道天論發微》、《孔門十弟子》、《不可思議的易經占卜》、《文化的視野》（立緒）、《西方哲學心靈·全三卷》（立緒）、《傅佩榮莊子經典五十講》、《傅佩榮生活哲思文選·全三卷》（立緒）等數十部，並重新解讀中國經典《論語》、《莊子》、《老子》、《易經》、《孟子》、《大學·中庸》（立緒）。

## 文字校對

### 馬興國

中興大學社會系畢業；資深編輯。

## 西方哲學心靈
### 從蘇格拉底到卡繆
傅佩榮◎著

**第一卷** 蘇格拉底・柏拉圖・亞里斯多德・休謨・
奧古斯丁・多瑪斯・笛卡兒・史賓諾莎
定價：360元

**第二卷** 盧梭・康德・席勒・黑格爾・叔本華・
齊克果・馬克思・尼采
定價：350元

**第三卷** 柏格森・懷德海・卡西勒・德日進・
雅士培・馬塞爾・海德格・卡繆
定價：350元

## 傅佩榮教授解讀哲學經典
新世紀繼往開來的思想經典
跨越智慧的門檻、文字的隔閡
大字校訂・白話解讀・提供現代人簡單而有效的閱讀方法

《論語解讀》 沉潛於孔子思想的普世價值與人文關懷
精／平：500元／420元

《孟子解讀》 探究孟子向當政者滔滔建言的政治理想與
人生價值 精／平：500元／380元

《莊子解讀》 逍遙翱遊莊子無限廣闊的天地
精／平：620元／499元

《老子解讀》 深入老子返樸守真的自由境界
精／平：420元／300元

《易經解讀》 涵蓋「天道、地道、人道」的生命哲學
精／平：620元／499元

《大學・中庸解讀》 探究「大學」之道，再現古代理想教育
體現「中庸」之至德，化育人性的契機
平：280元

## 文化的視野
當代人文修養四講：
文化・愛・美・宗教
傅佩榮◎著

ISBN:957-8453-21-3
定價：210元

## 創造的勇氣：
## 羅洛・梅經典
若無勇氣，愛即將褪色，
然後淪為依賴。
如無勇氣，忠實亦難堅持，
然後變為妥協。
羅洛・梅 Rollo May◎著
傅佩榮◎譯
中時開卷版書評推薦
ISBN:978-986-360-166-1
定價：230元

平裝

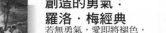

## 科學與現代世界
二十世紀大哲懷德海演講集
A. N. Whitehead◎著
傅佩榮◎譯

青年日報副刊書評推薦
ISBN:957-8453-96-5
定價：250元

## 人的宗教向度
LouisDupré◎著
傅佩榮◎譯

ISBN:986-7416-39-2
定價：480元

國家圖書館出版品預行編目(CIP)資料

四大聖哲：蘇格拉底、佛陀、孔子、耶穌/ 雅士培（Karl
Jaspers）著；傅佩榮譯 -- 初版 -- 新北市：立緒文化, 民104.07
  面；  公分. --（世界公民叢書）

譯自：Die maßgebenden Menschen: Sokrates, Buddha, Konfuzius, Jesus
ISBN 978-986-360-040-4 (平裝)

1. 哲學  2. 世界傳記  3. 學術思想

109.9                                              104010822

# 四大聖哲：蘇格拉底、佛陀、孔子、耶穌

Die maßgebenden Menschen: Sokrates, Buddha, Konfuzius, Jesus

出版——立緒文化事業有限公司（於中華民國 84 年元月由郝碧蓮、鍾惠民創辦）
作者——雅士培（Karl Jaspers）
譯者——傅佩榮

發行人——郝碧蓮
顧問——鍾惠民

地址——新北市新店區中央六街 62 號 1 樓
電話—— (02) 2219-2173
傳真—— (02) 2219-4998
E-mail Address —— service@ncp.com.tw
劃撥帳號—— 1839142-0 號 立緒文化事業有限公司帳戶
行政院新聞局局版臺業字第 6426 號

總經銷——大和書報圖書股份有限公司
電話—— (02) 8990-2588
傳真—— (02) 2290-1658
地址——新北市新莊區五工五路 2 號
排版——菩薩蠻數位文化有限公司
印刷——尖端數位印刷股份有限公司

法律顧問——敦旭法律事務所吳展旭律師
版權所有·翻印必究
分類號碼—— 109.9
ISBN —— 978-986-360-040-4
出版日期——中華民國 104 年 9 月～ 109 年 12 月初版 一～八刷（1 ～ 10,300）
       中華民國 111 年 4 月初版 九刷（10,301 ～ 11,000）

定價◎ 350 元（平裝）